L'Eau et les Rêves

Essai sur l'imagination de la matière

水与梦
论物质的想象

〔法〕加斯东·巴什拉 著

顾嘉琛 译

河南大学出版社
HENAN UNIVERSITY PRESS
·郑州·

图书在版编目(CIP)数据

水与梦：论物质的想象 /（法）巴什拉著；顾嘉琛译. --郑州：河南大学出版社，2016.3(2025.5重印)
ISBN 978-7-5649-2358-7

Ⅰ.①水… Ⅱ.①巴… ②顾… Ⅲ.①诗歌-文学理论-研究 Ⅳ.①I052

中国版本图书馆 CIP 数据核字(2016)第 057849 号

水与梦：论物质的想象

SHUI YU MENG：LUN WUZHI DE XIANGXIANG

著　　者　〔法〕加斯东·巴什拉
译　　者　顾嘉琛
责任编辑　张海如
责任校对　史新瑶
封面设计　周伟伟

出　版　河南大学出版社
　　　　　地址：郑州市郑东新区商务外环中华大厦 2401 号　邮编：450046
　　　　　电话：0371-86059701(营销部)　网址：hupress.henu.edu.cn
排　版　河南大学出版社设计排版中心
印　刷　河南瑞之光印刷股份有限公司
版　次　2017 年 1 月第 1 版
印　次　2025 年 5 月第 3 次印刷
开　本　787mm×1092mm　1/32　　印　张　10.25
字　数　160 千字　　　　　　　　　定　价　68.00 元

版权所有，侵权必究

(本书如有印装质量问题，请与河南大学出版社营销部联系调换。)

目　录

引　言　想象与物质 ………………………… 1

第一章　清澈的水，春水和流动的水。

　　　　自恋的客观条件。

　　　　恋情的水。 ………………………… 34

第二章　深邃的水，沉睡的水，死水。

　　　　埃德加·坡的遐想中的"沉重的水"。

　　　　………………………………………… 79

第三章　卡翁情结

　　　　奥菲利亚情结 …………………… 121

第四章　合成的水 ………………………… 159

第五章　母性的水与女性的水 …………… 194

第六章　纯洁与净化

　　　　水之德 …………………………… 225

第七章　淡水至高无上 ················ 252

第八章　狂暴的水 ·················· 264

结　论　水的话语 ·················· 309

引 言
想象与物质

> 让我们帮助多头水蛇①排尽它的雾气吧。
> ——马拉美②:《异想天开》,第352页

I

我们精神的想象力在两个迥然不同的轴上展开。

一种想象力在新生事物面前发生了飞跃;它嬉戏于彩色缤纷、五花八门及意料之外的事情当中。它所激活的想象总有一番有待描述的春光。它远

---

① 希腊神话中的多头水蛇(hydre de lerne),被赫拉克勒斯所杀。据凡人神话论说,水蛇象征着勒耳纳的沼泽湖泊。——译注

② Mallarmé(1842—1898):法国诗人。——译注

离我们,在大自然中,已生机盎然鲜花盛开。

另一种想象力深挖存在的本质;它欲在存在中既找到原初的东西,也找到永恒的东西。它主宰着季节和历史。在自然界中,它在我们的身心中,身心之外,产生出萌芽,在这些萌芽里,形式深入于实质中,形式是内在的。

若从哲学上来表达,可区分出两种想象:一种想象产生形式因,另一种产生物质因,或是更简洁地说,形式想象和物质想象。这后一种以缩略形式表达的观念,在我看来对诗歌创作的完整的哲学研究是不可少的。必须有一种情感因素,一种内心因素,作品才会具有丰富的词语和光的变幻生命。然而,除了由想象的心理学家常提及的形式想象之外,还有——我们在后面会提到——物质的形象,物质的直接形象。目光为它们命名,但双手熟悉它们。一种充满朝气的喜悦在触摸、揉捏并抚慰着它们。物质的这些形象,我们实实在在地、亲切地想象着它们,同时排除着形式,会消亡的形式,虚浮的形象,即表层的变幻。这些形象具有分量,它们是一颗心。

当然,也有一些作品,这两股想象力在其中相互配合。甚至无法把它们完全分离开来。最灵活的,最变化多端的,最受形式支配的遐想终究保留着某种压载、密度、迟缓和萌发。反之,一切深入到存在的萌芽中,以找到物质牢固的恒定性和优美的单调的诗作,一切在实体因的警觉行动中汲取力量的诗作,都将会开花,装扮自身。它将在对读者的首次诱惑中迎接丰富的形式美。

出于这种诱惑的需要,想象一般在喜悦向往之处下功夫——或是,至少在某种喜悦向往之处!——朝着形式和色彩的方向,朝着多样化和变化的方向,朝着表层未来的方向。想象抛弃深度、实体内在性和容量。

然而,我们在本书中尤其想关注的却是那些缓慢生成的和物质的力量的内在想象。只有无视传统观念的哲学家才可能担起这项沉重的劳作:使后缀脱离美,尽全力在显露的形象后面找到隐藏着的形象,寻找想象力的根源。

在物质的底层生长着阴暗的植物;在物质的黑夜里盛开着黑色的花。这些花已长着茸毛并有自己的花香程式。

II

当我开始思考物质的美的概念时,我立即对美学哲学中物质因的欠缺感到震惊。我尤为感到人们低估了物质的个体化力量。为何总把个体这个概念同形式这概念维系在一起呢?难道没有一种在深处的个体性,它使得物质在其最小的片块中始终是一种整体吗?物质若从其深度方面来思考正是那种可以不顾形式的原则。物质并不是形式活动的一般的欠缺。物质不管经过何种扭曲,何种分割,它依然是其自身。物质在两种意义上使自己有价值:在深化的意义上和在飞跃的意义上。从深化的意义上讲,物质似是不可测的,似是一种奥秘。从飞跃的意义上讲,它似是一种取之不竭的力量,一种奇观。在这两种情况中,对某种物质的思考培育着一种敞开的想象。

只有当我们研究了形式,使它们归属于各自的物质时,才有可能考虑人的想象的完整理论。此时,才可能懂得形象是一种需要土地和天空、实质和形式的植物。人所找到的形象缓慢而艰难地发生着演变,我们懂得了雅克·布斯凯(J. Bousquet)的深刻见解:"形象让人类付出的代价相当于某种新特性让植物付出的代价。"许多经过尝试的形象无法存在下来,因为这些形象是一些普通的形式的游戏,它们并不真正地适合它们所装点的物质。

因此我认为想象的哲学学说首先应当研究物质因同形式因的关系。这问题是向诗人同样也是向雕刻家提出的。诗歌的形象也是一种物质。

III

我已经研究过这问题。在《火的精神分析》中,我曾提出用启迪传统哲学和古代宇宙论的物质元素的标记来表明想象的不同类型。事实上,在想象的天地里,我认为有可能确立一种四种本原的法则,这种法则根据各种物质想象对火、空气、水和土的依附来将它们分类。如果说,正像我们所认为的那样,任何一种诗学都应容纳物质本质的要素——不管多么微弱——的话,那么仍是通过基本的物质本原所作的这种分类同诗学的灵魂最类似。要使遐想得以稳定地继续下去以造就一部书面作品,要使遐想不仅仅是一瞬间的走神,那么遐想应找到它的物质,某种物质本原应当赋予遐想自身的实质,自身的规则以及它的特殊的诗学。原始哲学往往在这方面做认真的选择,这并不是无所事事。原始哲学把四种基本本原之一同它们的形式原理结合在一起,这四种基本本原便成为哲学气质的标记。在这些哲学体系中,博学的思想同某种原始的物质想象相关联,安详而持久的睿智深植于实体的恒定中。如果说这些简单而又有力的哲学依旧保持着信念的源泉,那是因为当我们在研究这些哲学时,又重新找回了完全自然的想象力。这始终是如此:在哲学领域中,只有启迪基本的遐想,只有把梦想的康庄大道归还给思维,才会具有说服力。

同清晰的思维和有意识的形象相比,梦更依附于这四种基本本原。把这四种物质本原学说同四种有机质相连在一起的试验是很多的。正如一位旧时作者莱希于斯(Lessius)在《长寿的艺术》中写道:"肝火旺的人的梦幻是火,大火,战争和谋杀;心情忧郁者的梦幻是下葬,坟墓,幽灵,潜逃,坑穴,以及各种各样的悲伤事情;黏液分泌过多者的梦幻是湖泊,河流,水灾,沉船;多血质的人的梦幻是鸟飞翔,奔跑,盛宴,合奏,是一些难以命名的东西。"因而，肝火旺的人，心情忧郁的人，黏液分泌过多的人，多血质的人，各自分别由火、土、水和空气为特征。他们的梦幻尤其偏重于赋予他们特征的物质本原。倘若我们承认，深刻的梦幻的真实性会与某种显而易见而且非常普遍的生物学谬误相一致的话，那么我们便可以从物质上来释梦了。除了梦的精神分析之外，还会有梦的心理物理学和心理化学。这种十分唯物的精神分析同古老的训诫是相一致的，这些训诫认为本原的疾病得由本原的医学来治疗。物质的本原对于疾病和痊愈都是具有决定作用的。我们由于梦而生病不适，我们通过梦而痊愈。在梦的宇宙学中，物质的本原始终是基本本原。

一般地说，我们认为美学激情的心理学，当它研究先于观赏之前的物质遐想领域时会更有成效。任何景观在成为某种有意义的场景之前都是一种梦幻体验。人们满怀美学激情观赏的景观只是首先在梦中所见的景观。狄克①完全有道理认为在人的梦中见到了自然美的预兆，"怎样圆常见的梦？"（作品Ⅴ卷，第10页）但是，梦中景并不是一种充实

---

① J.L.Tieck(1773—1853)：德国作家。——译注

着印象的框架,而是某种扩展着的物质。

因此,我们知道可以把指导着信仰、激情、理想和人生哲学的某类遐想同火这种物质本原联系起来。谈论火的美学,火的精神分析,甚至火的德性是一件有意义的事。火的诗学和哲学把所有这些教诲都浓缩在一起了。火的诗学和哲学就构成了这种神奇的双义性的教诲,这教诲又以实在的情况支撑着内心信念,并且反过来又通过我们的内心生活使人理解了世间生活。

所有其他的本原也大量地提供了类似的双义性的信念。它们披露了不为人知的机密又显露出耀眼的形象。这四种本原都有自己的热烈爱好者,或更确切地说,其中的每一种本原都已经深深地、在物质上是一种诗学忠诚的体系。当我们在歌唱这些本原时,便觉得自己是热烈地爱好着某种特别喜欢的形象,实际上是忠诚于某种原初的人的情感,忠诚于某种最早的有机的实在,一种基本的梦的禀性。

IV

我们应相信,在本书中我将会证实这个论点。我将研究水的实体的形象,我将研究水的"物质想象"的心理学——这是一种比火更女性更均匀的本原,这种更为稳定的本原,它通过更隐蔽、更简洁、更简单化的人性力量而具有象征性。鉴于这种简洁性和简单化,我的任务在此就会变得更困难,更单调。诗学的资料并不丰富而且贫乏。诗人和遐想者往往对水的表面的嬉戏感到有趣,而不是被它迷惑。于是,水便成了他们的锦上添花之物;水并不真正是他们遐想的"实体"。从哲学角度来说,水的诗人"参与"自然界水生的实在,不及聆听火或土召唤的诗人。为很好地显示这种"参与"(它是水的思维)水的心理现象的本质本身,我便需要反复使用为数不多的例子。但若我能使读者相信,在水的表面形象之下,有着一系列更加深刻、越来越强烈的形象,那么读者很快会在他自己的观望之中对这种深化产生亲切感;在形式的想象之下,他会感到各种实体的想象在敞开。他会在水中,在水的实体中识别出一种亲近,这种亲近极不同于火或土的"深度"给人造成的亲近。读者必然会承认对水的物质的想象是一种特殊的想象。当读者具有了在物质本原中对某种深度的认识时,他最终会理解水也是一类命运,不再仅仅是流逝的形象的无为的命运,即永不会终止的梦的无为命运,而是一种不断地在改变着存在实体的根本的命运。由此,读者会更真切、更痛苦地理解赫拉克利特①主义的特点之一。读者会看到赫拉克利特的变动论是一种具体的哲学,一种完全的哲学。人们不会在同一条河中洗两次澡,因为,人在自身的深处具有流水的命运。水确是那种过渡的本原。它是在火与土之间的本质的本体论变化。许给水的存在是一种眩晕的存在。它每分钟都在死去,它的实体中某种东西在流逝。每日的死亡不是火光冲天的火的旺盛的死亡;每日的死亡是水的死亡。水不断地在流淌着,水往下流着,它总在水平的死亡中消亡。我们在无数的实例中会看到,对于物质化的想象来说,水的死亡比土的死

---

① 赫拉克利特(Héraclite,约公元前540—约前480与前470之间):希腊哲学家,他的学说强调存在与变化的不可调和的冲突以及万物在永久的流动之中。"人们不会在同一条河中洗两次澡"即出自他。——译注

亡更令人沉思;水的苦难是无止境的。

V

在介绍这部作品的概要之前,我想对作品的标题做个说明,因为这种解释会有助于阐明我的目的。

虽说本著作是在《火的精神分析》之后,诗学四本原法则的又一例证,但我并没有因此而取名为《水的精神分析》,这本来会同那本旧作相映成趣。我选了一个更为模糊的题目:《水与梦》。这是真诚之必然。要谈精神分析,就应当先把原初的形象分类,而不让其中任何一种留下其最初的特殊痕迹;应当先确认,然后分解一些一直把愿望和梦想搅合在一起的情结。我觉得在《火的精神分析》中是这么做的。人们可能会感到惊奇:一位理性主义哲学家竟会如此长时期地关注幻象和错觉,他会不断地需要把理性价值和明晰的形象描述为对错误素材的纠正。事实上,我并不觉得自然的、直接的和初级的合理性是牢靠的。我们并不会一下子就建立起理性的认识;我们不会马上展现出本质形象的正确景象。理性主义者？我有意成为一个理性主义者,不仅在我的文化的整体方面,而且在我的思维的细节中,在我所熟悉的形象的细节之中。正是这样,通过对客观知识和富有形象的知识的精神分析,我成为相对于火的理性主义者。我必须坦诚地承认,在水的方面我并没有取得同样的建树。水的各种形象,我依然在感受着,在其原初的复杂性中综合地感受着,同时赋予它们我的那种不由自主的赞同。

在沉睡的水面前,我总会再次感到同样一种忧郁,一种具有潮湿树林中池塘色彩的很特别的忧郁,一种无压抑感、遐想的、迟缓而宁静的忧郁。水的生命的某种不足道的细节,对于我而言往往成为一种具有根本性的心理象征。譬如,水生薄荷在我身心中唤起一种本体论的沟通,它使我相信生命就是一种普遍的芳香,生命从存在中散发出来就如气味从实体中散发出来那样,使我相信溪中水草必定散发着水的灵魂……倘若我要为我自己重新感受孔狄亚克[①]那个塑像的哲学神话——它首先在嗅觉

[①] 孔狄亚克(Condillac,1714—1780):法国哲学家,是"感觉主义"学派的主要代表人物,他在《感觉论》中虚构了一个没有任何先天的心理活动的塑像,它最初只有嗅觉,然后才有其他感觉。——译注

中感觉到宇宙和有了最初的意识——的话,那么我不是像塑像那样说:"我就是玫瑰香味",而是会说:"我首先是薄荷香味,水生薄荷的香味。"因为存在首先是一种觉醒,而它在非同寻常的感觉的意识中觉醒。个体并不是自身一般感觉的总和,他是特殊感觉的总和。由此,在我们身心中创造出体现为罕见的象征物的熟悉的奥秘。正是在水边,在水生花朵跟前,我最真切地明白,遐想是一个正在挥发的宇宙天地,是通过遐想者从万物中散出的有香味的气息。如果说我想研究水的形象的生命,那么我必须把形象的主体作用归还给我的故乡的河和泉。

我出生在河川溪流纵横的乡土,在冈峦起伏的香槟地区的偏僻处,名叫"谷乡",因为那里到处是小山谷。对于我来说,最优美之处是在山谷的幽深处的柳荫下,身边流淌着一股潺潺细水。十月来临时,溪涧上薄雾缭绕⋯⋯

我的乐趣依然是伴着溪水,沿着堤岸,朝着正方向,顺着水流,顺着把生命带向他处、带到邻村的水的方向漫步。我的"他处"并不更远。当我第一次见到大海时,已近 30 岁了。因此,在本书中,我谈不好海洋,我间接地谈论海,听诉的是诗人作品中所说的海,我谈论海仍是受同无限连在一起的学校教科书上的老生常谈的影响。触及我遐想的东西,并不是我在水中发现的无限,而是深度。另外,波德莱尔不是说过,对于面朝大海遐想的人来说,6至7法里①就意味着无限的半径吗?(《日记》,第79页)谷乡有18法里长,12法里宽。这是一方天地。我并不全都认识;我不曾走遍每条河沟。

可是,我的故乡与其说是一片宽阔的地方,不如说是一种物质;是花岗石或土,是风或干旱,是水或光亮。正是在故乡我使自己的遐想得以物质化;正是通过故乡,我的梦有了它的适当的实体;向它,我询问我的基本色彩。在河边沉思时,我的想象倾注于水中,倾注于绿色而明亮的水,使草地变绿的水。我无法坐在溪边而不坠入深深的遐想,不回想起我的幸福……这不一定是家乡的小溪,家乡的水。无名的水了解我的一切心思。同样的回忆会从各种喷泉中涌出。

我不把本书取名为《水的精神分析》,还有一个不那么富有感情色彩和个人因素的理由。实际上,

---

① 1法里约合4公里。——译注

在这部作品中,我并未像在深刻的精神分析中应该做的那样,系统地发挥物质化形象的有机论特征。在我们的梦幻中留下不可磨灭痕迹的最初的精神价值是有机的价值。最先的热烈的信念是躯体的舒适。最初的物质的形象正是在肉体中、在器官中产生的。这些最初的物质形象富有朝气和活力;它们同简单的极其粗糙的意愿联系在一起。当谈到孩童的里比多时,精神分析引起众多的非议。若重新赋予这种里比多以其模糊和一般的形式,若把它同各种有机功能维系在一起,那么我们也许会更好地理解这种里比多的行为。里比多将会呈现为同各种欲念,同各种需求不可分的东西。它便会被视为欲望的动力,它会在各种满足感中得以缓解。不管怎么说,有一件事是肯定无疑的,这便是孩童的遐想是唯物的遐想。孩童天生就是唯物的。孩童最初的梦就是有机实体的梦。

有些时候,诗人创作的想象是如此深刻,如此自然,以至诗人在不知不觉中又重新见到了孩童肉体的形象。渊源如此深的诗歌常具有特别的力量。在这些诗歌中贯穿着一股力量,而读者会参与到这股原初的力量中而全然无知。读者并不知道诗歌的渊源。下面是两段诗歌,从中体现着某种原初形象的有机体的真诚：

> 认识到自身的分量，
> 正是我,我把恒河,密西西比河拉过来,召唤到我的根源,
> 奥里诺科河①浓密的丛生植物,莱茵河长长的水流,尼罗河带着双膀胱……②

凡此种种……在民间传说中,无数的河流源自某个巨人的小便。卡冈都亚③在他的任意散步中,发大水淹了法国农村。

若水变得珍贵起来,它便成了精液。于是它更会神秘地被人歌颂。唯有有机论的精神分析才可能解释清楚如此模糊的形象：

> 如多产的精液,数学图像,分配着
> 它的定理的诸因素丰富的引线,
> 荣耀的躯体在泥体下渴望着,

---

① 奥里诺科河(l'Orénoque)位于委内瑞拉,全长2000余公里,有宽阔的三角洲。——译注
② 保尔·克洛代尔:《五大颂歌》,第49页。
③ 拉伯雷《巨人传》中的主人公。——译注

夜晚

在可视性中被分解①

一滴有威力的水足以创造一个世界并驱散黑夜。要梦想巨大的威力,只需一滴在深层中想象出的液体。如此有朝气的水是一种萌芽;它赋予生命以一种取之不尽的飞跃。

同样,玛丽·波拿巴特夫人②在埃德加·坡③的一部理想化作品中发现了众多主题的有机含义。它提供了某些诗意形象的生理特性的充足证据。要朝着肉体想象的根源方面做如此深远的研究,要在水的心理学之下来写出梦幻的水的生理学,我觉得自己尚准备不足。这必须具有医学知识,尤其是神经症的丰富经验。在同我相关的方面,要了解人,我只有阅读,那美妙的阅读,它根据人所写的东西来评判他。关于人,我尤为喜欢的是人们可能写出的关于他的事。没有可能被写出的东西还值得

---

① 保尔·克洛代尔:《五大颂歌》,第 64 页。

② M.Bonaparte(1882—1962):法国精神分析学家。——译注

③ E.A.Poe(1809—1849):美国诗人,评论家,短篇小说家。他的作品具有浪漫主义和唯美主义的倾向。他的诗是神秘主义和理性主义、寓言和现实的奇异结合。他的著作对法国象征派有显著影响。——译注

去经历吗?因此我不得不满足于移植的物质想象的研究,当一种文化把自己的标记打印在一种自然上时,我几乎总是限于研究处在移植之上的物质化想象的不同分枝。

此外,对于我来说,这也并不是一个普通的隐喻。相反,移植在我看来似是一种理解人类心理学的根本观念。我认为,这是人的标记,是使人的想象特定化的必要标记。我认为,富有想象的人类是一种超过原生的自然,正是移植才能真正赋予物质的想象以丰富的形色。正是移植能把物质的丰富性和密度传递给形式的想象。移植使在砧木上长成的新芽开花并给予花以物质。除了各种隐喻之外,要创作出诗作来,必须有遐想活动和观念活动的结合。艺术是一种移植的自然。

当然,在我的有关形象的研究中,当我辨认出了某种更为远的活力时,我便指出来。对于一些极其理想化的形象,我不曾发现有机渊源的情况尚属极少数。但是,把本论著列入透彻的精神分析行列也尚不够资格。本书依然是一部文学美学的作品。本书具有双重目的:确定诗歌形象的实体和对基本物质的合适形式。

VI

下面便是本论著的总体纲要。

为明确地体现出物质化想象的轴心是什么,我将从物质化很差的形象着手;我将会提及一些表面的形象,一些在本原表层活动的形象,而无暇想象对物质进行加工。本书第一章是写清澈的水,闪亮的水,这种水给人以瞬间即逝的、随和的形象。然而,我将使读者体会到鉴于这种本原的一体性,这些形象相互组织得有条不紊。我将展现各种水的诗歌向水的元诗学的过渡,从多种性向单一性的过渡。对于这样一种元诗学来说,水不再仅仅是在游移的静观中,在一系列断断续续的瞬时的遐想中的一组熟知的形象;水是形象的载体,而且是形象的供给,奠定形象的原则。水便逐渐地在越来越深化的静观中变为物质化想象的本原。换句话说,取乐的诗人像一股一年到头流淌的水那样生活,这是一股从春到冬并且轻松地、被动地、表略地反射着四季的水。但是更为深沉的诗人会觉得水富有活力,这水从它自身中再生,它不变,它用自己不可磨灭的印记显示着自己的形象,这水是世上的一种器官,是流动现象的食粮,是生长的本原,是增添光彩的本原,是泪的躯体……

但是,让我们重复一遍,正是当我长时间地静观闪发着彩虹色的水面时,我会理解深度的价值。因此我试着详细地说明某些把表面形象统一起来的一致性原则。我们尤其会看到个体人的自恋是如何逐步地纳入一种名副其实的宇宙自恋的框架中。在这章末尾,我还将研究我称之为天鹅情节的白色和优雅的浅易理想。恋情的水和轻盈的水在其中找到很容易做精神分析的象征物。

只是在第二章中——我将研究埃德加·坡的元诗学的主要枝干——我才确信触及了本原,即物质的水,在其实体中加以想象的水。

我如此确信,自有理由,因为,深刻而持久的双重性是同物质的想象在其中培育而成的那些原初物质相维系在一起的。而这种心理特性是如此稳定,以至可把它作为想象的首要法则而称为相互性;想象无法使其双重生存的那种物质是不可能发挥原初物质的心理作用的。不能造成心理双重性的物质便无法找到它的能做无限移植的双重诗学。因此,要有双重的参与——欲望与恐惧的参与,善与恶的参与,白和黑的平静的参与——以使物质的本原系住整个心灵。当埃德加·坡面对湖泊、河流沉思时,我们会看到那种无比清晰的遐想的善恶二元论。正是通过水,坡这位理性主义者和逻辑主义者同非理性的物质,同受"困扰"的物质,同神秘而有活力的物质再次建立起联系。

在研究埃德加·坡的作品时,我们会看到一个辩证法的范例,克洛德·路易·埃斯泰夫(C. L. Estève)对这种辩证法对于语言的富有活力的生命的必要性心领神会:"如果说必须尽可能地排除逻辑与科学的主观性的话,那么排除词汇和语法的客观性也同样是必不可少的。"[1]若缺少了事物的这种非客观性,缺少了能使我们在事物之中看到物质的这种事物的变形,世界就会散落成乱杂的东西,变成静止的而且无生气的固体,变成与我们自身无关的事物。心灵便会受缺乏物质想象之苦。水把各种形象聚合在一起,溶解实体,在想象的非客观化使命中,在它的吸收使命中,帮助了想象。水还带来了一种句法结构,形象的持续连贯,以及形象的温和的运动,这种运动激发同事物连在一起的遐

---

[1] C. L.埃斯泰夫:《关于文学表达的哲学研究》,第192页。

想。埃德加·坡的元诗学的原初的水,正是这样将世界置于一种奇特的运动中。这种原初的水象征一种如油一般缓慢的、柔和的和静悄悄的赫拉克利特学说。此时水感受到一种速度的丧失,它是一种生命的消亡;水成为生与死之间的一种柔顺的中介。阅读坡的作品,我就会更真切地体会到死水的奇异生命,并且他的语言会展示出最惊人的句法,那种正在死去的事物的句法以及垂亡的生命。

为显示出这种变化的句型,即这种生命、死亡和水的三重句型,我想要把握住两种情结,我把它们称为"卡翁①情结"和"奥菲利亚②情结"。我把它们放在同一章中,因为这两种情结都象征着我们的最后旅途和最终结局的思想。消亡在深水中,或消失在遥远的天边,同深度同无限相结合,这便是人的命运,这命运在水的命运中取得了自己的形象。

当我们这样确定了想象的水的表面特性和深

---

① 卡翁(Caron):希腊神话中在冥河上渡亡灵去冥府的神。——译注

② 奥菲利亚(Ophélie):莎士比亚悲剧《哈姆雷特》中,主人公的未婚妻,失去理智投水而死。——译注

刻特性时，便可试着研究这种本原同物质想象的其他本原的合成。我们会看到某些诗歌形式从双重物质中汲取养分；双重的唯物论往往有助于物质的想象。在某些遐想中，似乎，任何一种本原都在寻找着结合或斗争，寻找使它平息或激励它的奇遇。在另外一些遐想中，想象的水呈现为那种和解的本原，似是混合物的基本示意图。因此，我将十分关注水和土的结合，即在泥团中获得现实机遇的那种结合。泥团便是物质性的基本示意图。物质这概念本身，应该说是同泥团这概念密切相联的。甚至应当以对揉捏和塑造做长期研究为基础，来明确地确定形式因和物质因的现实的和实证的关系。一只手慢悠悠地抚摸着完美的线条，审视着一项已完成的工作，会对简易几何感到欣喜。这只手通向观看工人劳作的哲学家的哲学。在美学领域里，已完成工作的视觉化自然而然地导致形式想象的优势。相反，一只劳作的、专断的手，在对既抗拒又退让的物质——就像令人爱慕又不从命的肉体——加工的同时，获得了对实物的本质性的兴奋感。一只这样的劳作的手，需要土和水的适当的混合，以体会到可能具有形式的物质是什么，可能拥有生命的实体是什么。对于揉捏者的无意识而言，毛坯是作品的雏形,黏泥是青铜器之母。要了解创作的无意识的心理,对于流畅性和可塑性的体验的强调永不会太过分。在对泥团的体验中,水明显地显现为那种具有主导性的物质。当人们通过水而感受到泥的柔顺时,联想到的正是水。

为显示水同其他本原合成的能力,我还将研究其他的组合,但我们必须记得,组合的真正典型,对于物质的想象来说,那是水和土的组合。

当我们明白了任何一种物质本原的结合,对于无意识来说,是一种融合时,我们便能阐明由朴实的想象和由诗意的想象赋予水的几乎总是女性特征。我们也将会看到水的深刻的母性。水使萌芽变得滋润,使泉源喷洒。水是我们到处都看到的在诞生和生长着的物质。泉源是一种不可抗拒的诞生,一种持续的诞生。如此重大的形象永远地标志着热爱它们的无意识。这些形象激发起无限的遐想。在专门的一章里,我曾试图阐述这些充满着神话色彩的形象是怎样自然而然地赋予诗作以活力的。

一种同特殊物质密不可分的想象是很容易变得更有价值的。水便是使人类思想达到登峰造极境地之物;使纯洁变得更有价值。若无清澈明亮的水的形象,若无这种同我们诉说纯洁水的优美的同义迭用,纯洁这概念又为何物?水接纳纯洁的各种形象。因此,我曾试着把作为这种象征主义伟大力量基础的各种理由理出一个头绪来。在此,我们便有了对某种基本实体的思考而得到的自然道德的例证。

同这个本体论的纯洁问题相关联,我们还可理解各种神话传说所公认的淡水对于海水的优势。对此,我写了一个短的章节。我认为,为把我们的思绪拉回到对各种实体的重视上来,这个章节是必不可少的。我们只有在体验与景观之间建立起平衡的时候,才会很好地理解物质想象的学说。为数甚少的美学著作谈到具体的美,实体的美,这些书往往只是对物质想象的实际问题一带而过。只需举一个例子:马科斯·萨斯勒(Max Schasler)在他的《美学》一书中,提出要研究"具体的自然美"。他对本原只写了 10 页,其中 3 页写水,而中心段落是写海洋的无限。因此,我们必须强调同自然的水,更为常见的水,即无需用无限来吸引遐想者的水相关联的遐想。

本书的最后一章将通过各种极不相同的途径来谈论水的心理问题。确切地说,这章并不是对物质想象的研究;这章是对生气勃勃的想象的研究,对此我想能另写一部作品来论述。这章取名为狂暴的水。

首先,水在它的暴力中具有一种特别的愤怒,或换言之,水很容易接受愤怒这种东西的各种心理特征。对于这种怒,人很快会自夸能驾驭住它。于是狂暴的水不久就成为被人强暴的水。一种恶的较量便在人和水流之间展开了。水恼恨在心,它改变了性别。水变得凶狠,它成了男性。对本原里的双重性的征服——这是对某种本原的物质想象的新迹象——以一种新的方式开始了!

因此,我将写出使泳者精神抖擞的攻击意志,然后是水流的报复,愤怒之潮涌来退去,发出怒吼和回声。我们会体会到人在频频地与狂暴的水的抗争中所获得的特别的刺激。这是想象的基本有机论的又一例证。这样,我们就会再次看到这种肌力的想象,在洛特雷阿蒙①强有力的元诗学中我曾指出过这种想象的行为。但是,这种物质想象在同

---

① Lautréamont(1846—1870):法国作家。——译注

水的接触中,在同物质本原的接触中,同时显现得比洛特雷阿蒙的兽性化想象更自然也更有人性。因而,这是通过物质想象在对本原的静观中形成的象征物的直接特征的又一证明。

由于在本书的通篇论述中,我自定规矩,也许有点令人厌倦,一再强调物质想象的各种主题,因而在结论部分,无需再作归纳。我把结论部分几乎完全用在我的悖论的登峰造极之处。它便是要证明水的声音几乎无隐喻可言,水的语言是直接的诗的实在,溪流和河流异常忠实地使静穆的景观具有音响,潺潺的流水声教会鸟和人歌唱,说话,诉说,总之在水的话语和人的话语之间有着连贯性。反之,我还强调这样一个很少被人注意的事实,即从器官上讲,人类语言具有液体性,在整体上有流量,在辅音中有水。我将指出这种液体性产生了一种特别的精神的激励,一种已在召唤水的形象的激励。

这样,水呈现在我们面前犹如一个完全的存在:它有躯体,灵魂,声音。水也许胜过其他任何一种本原,它是一种完整的诗的实在。不管水的景观何等多姿多彩,水的诗意却是具有一致性的。水应为诗人启迪新的职责:**本原的一致性**。若缺少这种本原的一致性,物质想象便无法得到满足,而形式的想象并不足以把杂乱的特征连贯起来。作品缺乏生命力,因为它缺少实体。

Ⅶ

最后,我想对所选实例的性质做几点说明,这些例子是用来支持我的论点的,以此来结束这篇总引言。

大部分的例子借鉴于诗歌。因为在我看来,任何一种想象的心理学只有通过它所启迪的诗歌才能现时地得到阐明。[1] 想象并不是如词源学所说的那样,是形成实在的形象的官能;想象是形成超出实在的形象,歌唱实在的形象的那种官能。它是一种超人状态的官能。人是在他同超人相比中的人。我们应当从推动人超过人的条件的各种倾向的总和来定义他。行动中的精神心理学自然就是非凡

---

[1] 尤其是水心理学史并不是本人的题目。可在 M. Ninck 的《阿里昂的崇拜和生活中的水的意义,象征史研究》中看到对这主题的论述。

精神的心理学,是受例外所诱惑的精神的心理学:一种新的形象移植在旧的形象上。想象生造的东西超过了事物和戏剧,它生造出新的生命,它生造出新的精神;它打开了双眼,双眼便拥有了新型的景象。想象会看到它是否具有"景象"。想象倘若在用经验做自我教育之前就以遐想在自我教育,如果经验后来成为想象所做的遐想的佐证的话,那么,想象就会具有景象。如邓南遮①所说:

> 内涵最丰富的事件,在我们的心灵察觉到它之前,早就降临于我们身上。当我们开始对可见之物张开眼睛时,我们很久以来早已附着于不可见之物。②

这种对不可见之物的附着,便是原初的诗歌,就是使我们会对我们内在深处的命运关注的诗歌。它不断地把我们那种赞叹的官能归还给我们,以此给予我们一种青春和活力的感觉。真正的诗歌是一种唤醒的功能。

---

① D'Annunzio(1863—1938):意大利作家。——译注
② 邓南遮:《对死的静观》,译本,第19页。

诗歌唤醒我,但它依然保留着最初梦幻的回忆。因此,我有时会延缓诗歌跨过表达的门槛的时刻;每当我掌握了迹象时,就会设法勾勒出通往诗歌的梦幻之路。如查理·诺梯耶①在他的《遐想录》(Renduet 版,第 162 页)中写道:"可想象的世界地图只是在梦幻中勾勒出来。可感觉的世界微乎其微。"梦幻和梦想对某些心灵而言,是美的物质。亚当走出梦幻时发现了夏娃:因此,女人是如此的美丽。

鉴于所有这些信念,我便能使陈旧的知识,使在无生气、无力的教育中生存下来的形式和寓言神话抽象化。我便能使无数不真诚的诗歌抽象化,那些平庸的、无灵感的诗人在这些诗中竭力地堆砌五花八门、乱七八糟的韵脚。当我借助于一些神话素材时,那是因为我在这些神话中识别出了一种持久的行为,一种对今日心灵的无意识的行为。水的神话,从其总体来说,只是一个故事而已。我曾想写一部心理学的书,我还曾想把文学形象同梦幻联系起来。我常指出,多彩绚丽既会销蚀神话的力量,也会销蚀诗歌的力量。多彩绚丽分散了梦幻的力

---

① Charles Nodier(1780—1844):法国作家,诗人。——译注

量。幻景要保持活跃便与花花绿绿无缘。人们津津乐道地加以描写的幻景是一种不再有活力的幻景。同各种物质本原相应的是保持着生命力的幻景,只要这些幻景忠实于自己的物质,或是这也一样,只要它们忠实于原初的梦。

对文学例子的选择全归于一种我愿意坦诚地承认的奢望:如果我的探求能引起人们注意的话,它便应带来一些手段和工具以更新文学评论。文学心理学中的文化情结这概念的引入,正是追求这个目标。因此,我主张采取指导着思考本身的未经思索的态度。譬如,在想象领域中,正是那些人们以为在外界景象中汲取的偏爱的形象,而这些形象只是阴郁心灵的投影而已。人们致力于文化情结,认为在客观上培育着自己的才智。现实主义者于是在实在中选择他的实在。史学家在历史中选择他的历史。诗人将自己的感受同某种传统结合起来,以此来整理这些感受。文化情结在其良好的形式下再生并使传统变得年轻。在不良的形式下,它是无想象力作家的一种课堂习惯。

自然,文化情结被移植在由精神分析发掘出来的更深刻的情结上。如查理·博杜旺(Charles Baudoin)所说,情结在本质上是一种精神能量的转换器。文化情结继续着这种转换。文化的升华延伸着自然的升华。在有教养者看来,某种升华的形象从来就不够美。他欲更新升华。如果升华是一件普遍的观念的事情,它便会从形象被封闭在观念特征中起就停止不进了;然而,色彩缤纷,物质多样,形象在自我中养成;梦继续着,尽管已有表达梦的那些诗歌。在这种情况下,文学评论不甘心局限在形象的静态结论上,它应辅之以心理的评论,这种评论遵循着原初的情结和文化情结的联系,再次经历着想象的富有朝气的特征。依我看来,别无其他方法来衡量在文学作品中行动着的诗化力量。心理描述并不足矣。问题在于要少做描述而更多地掂量物质。

在本书以及在其他作品中,即使有某种不慎之处,我也不曾迟疑通过各种新情结的文化标志,通过任何一个有教养人公认的标志,即那种对于远离着书本的人来说费解的、无响声的标志,来命名新的情结。倘若同一位不读书的人谈论身上布满鲜花的女性死者,如奥菲利亚那样逐水流而逝去,那会使这人感到异常惊讶。在此,有一种文学评论不曾经历其发展过程的形象。有趣的是要指出,这样一些形象——极不自然的形象——是如何成为修辞法的,这些修辞法是如何可能在诗文化中保持活力的。

如果我的分析是准确的话,那么,请相信,它们会有助于从一般的遐想心理学过渡到文学遐想的心理学,即那种写出来的,在写作过程中协调起来的,有条理地超出其原初的梦的,但却依然忠实于基本的梦幻实在的那种奇特的遐想。要拥有这种产生诗歌的梦的恒定性,就必须具有超过眼前所见的现实的形象的东西。必须追随这些在我们心灵中诞生的,并且活在我们梦中的形象,这些形象载负着丰富充实的,并成为物质想象取之不尽食粮的物质。

第一章

清澈的水,春水和流动的水。
自恋的客观条件。
恋情的水。

> 凄切的花朵独自绽放,
> 别无激情,除了水中身影,
> 任凭呆滞的目光凝视。
>
> ——马拉美:《希罗底》

> ……甚至有许多人淹死在镜子里……
> ——拉蒙·高梅兹·德·拉·塞纳:
> 《居斯塔夫,失礼者》,第 23 页

I

以水为托辞或物质的那些"形象",并无由土、水晶、金属和宝石所产生的形象的那种恒定性和坚固性。这些形象并无火的形象的强劲生命力。水并不构建"真的谎言"。只有十分惶乱的心灵才会真正地被河水幻影所迷惑。水的这种温柔的幽影常同遭戏弄的想象,那种欲自娱的想象的矫作幻觉相关联。沐浴在春天阳光中的水的景象,便带来了大量屡见不鲜的、信手拈来的隐喻,这些隐喻又给平庸的诗歌注入活力。二流诗人则滥用这些隐喻。我们可以毫不费力地列举出一些诗句,诗中年轻的水精没完没了地搬弄着陈旧形象。

　　这样一些形象,即使是自然的,也难以让人感到欣喜。在我们的身心中,它们并不会唤起深刻的激情,就如火和土的某些形象——虽说是常见的也罢。这些形象是一刹那的,因此只会给人以流逝的感觉。朝灿烂的天空望一眼,会使我们对阳光满怀信念;内心深处的决定、突然萌发的意愿使我们听命于土地的意愿,从事挖掘和建造的劳作。尘世的生活由于那种粗糙的物质的天命使然,几乎自动地又重新征服了只从水的映像中找到自己的闲情和托辞的遐想者。水的物质想象始终处在危险中,当土或是火的物质想象介入之时,它就可能会隐没。因此,水的形象的精神分析很少是必要的,因为,这些形象会自动地散失。水的形象并不会使任何一个遐想者着迷。然而,(我们会在其他章节中看到)从水中产生的某些形象有更多的吸引力,更为固执和实在:这是因为更为物质的更深刻的遐想介入了进来,这是因为我们内心深处的存在更深地投入了,这是因为我们的想象更仔细地幻想着创造行为。此时,在映像的诗歌中曾是不可察觉的诗歌的力量凸显出来了;水变得沉重,变得阴暗,变得更深,水物质化了。现在,物质化的遐想,在把水的梦同更为官能更少移动的遐想结合起来,遐想终于在水上构成,终于更强烈更深刻地感觉到了水。

但是,倘若不曾首先研究过水面上呈虹色彩的形态的话,那么就难以估量出水的某些形象的"物质性",某些幽影的"密度"。这种密度区别着表面肤浅的诗歌和深刻的诗歌,当我们从感觉的价值走向官能的价值时就能体会到它。我以为,只有当我们能很确切地区分官能价值同感觉价值的关系时,想象的理论才会得以阐明。唯有官能的价值才会产生"沟通"。感觉的价值只会产生表达。这正是因为人们混淆了感觉与官能而提出感受(极其智性的因素)的沟通,才拒不对诗歌的激情做切实有效的研究。让我们从最少官能的感受,从视觉开始,来看一看它是怎样官能化的。让我们从水的简朴装饰中来研究水吧。然后,再逐步地根据极微弱的迹象来领会水的显露意志,或至少理解水是如何象征静观它的遐想者的显露意志的。我并不认为精神分析的学说也在自恋方面强调辩证法的两个词:看到和显示自己。水的诗学使我得以对这两重研究做出一份贡献。

II

这并不是一种通俗神话的普遍意识,这是自然体验的心理学作用的真正的前科学,它决定了心理分析以自恋这标记来标志人对自己的形象,对在平静的水中倒映出来的相貌的爱慕。事实上,人的脸庞首先是用来做诱惑的工具。人在照镜子时,便在准备、打扮、美化这脸庞,这神态,所有这些诱惑工具。镜子是一面进攻性爱恋的军旗。我只用简单的几句话来说明这种活跃的自恋,而经典的精神分析却把它弃置一边。若要发挥"镜子的心理学",写整部书也似不嫌多。在研究之初,我只需说明自恋的深刻的双重性就已足够,即它从受虐狂特征变为性虐待狂的特征,它经历着抱着缺憾的静观和抱着希望的静观。对照镜子的人,我们可以向他提出这样一个双重问题:你为谁照镜子?你针对谁照镜子?你意识到你的美貌或你的力量了吗?这些简单的看法足以表明自恋的原初的复杂特征。在本章中,我们将会看到自恋逐渐地变得越来越复杂。

首先,必须理解水这面镜子的心理用途:水可用来使我们的形象自然化,可使我们自傲的心灵深处的静观得以返璞归真。镜子太过于文明,过于可操作,过于几何式了;镜子作为梦的工具过分显著,以致它无法使自己适应于梦幻生活。路易·拉韦勒①在他的作品充满形象的前言中,指出了水的倒影的自然深度以及这倒影所启迪的梦的无限性,他说:"如果设想镜前的那喀索斯,那么镜面和铁架的抗拒会以屏障来阻挡他的行为。他以前额和拳头来对付屏障;他若围着它转圈,就会一无所获。镜子在他身心中囚禁着一个他抓不着的世界后部,在那个地方他看到自己无法把握自身,一段虚假的距离把他同这个世界后部隔开了,他可缩短它但无法跨越它。相反,喷水池对于他来说是一条敞开的道路……"②喷

---

① L.Lavelle(1883—1951):法国哲学家。《那喀索斯之误》发表于1939年。——译注

② L.拉韦勒:《那喀索斯之误》,第11页。

水池这面镜子便是一种敞开的想象的机会。有一点模糊,有一点苍白的倒影意味着理想化。那喀索斯面对着反映着相貌的水面,他感到自己的美貌在持续,它并没有结束,应当结束它。在光线明亮的房间里,玻璃镜子照出的形象过于稳定。当人们把玻璃镜子同有生气的自然的水相比,当再度自然化的想象可能接受泉和河水的景观的参与时,那么镜子将会重新成为有生气的和自然的。

在此,我们把握了自然之梦的一种要素,即梦需要深深地铭记在自然中。同物品在一起不会有深梦。要深深地做梦就必须同物质在一起。以镜子为起始的诗人如果想表现出一种完整的诗歌体验,他就应该以泉水的水告终。我认为,诗歌体验应当从属于梦幻体验。诸如马拉美那样精雕细刻的诗歌很少脱离这种规律;这种诗歌给了我们在镜子形象中水的形象的套叠:

> 喔,镜子!
> 因厌倦而封冻在你框中的寒冷的水
> 多少时辰多少回,为梦幻
> 而忧伤它寻找我的回忆
> 如同冰层下深坑中的落叶

在你身中我似遥远的影,

可是,多可怕啊! 夜里,在你严峻的泉中,

我领略了我的乱梦的赤裸!①

在乔治·罗当巴克②的作品中,对镜子所做的系统的研究得出相当的结论。若把窥视他人行动者(l'espion)③,即始终明亮始终具有进攻性的询问目光加以抽象化,那么就可认出罗当巴克的各种镜子都变成朦胧的了,这些镜子如布鲁日市四周的运河水一样色彩灰暗。在布鲁日,任何一面镜子都是一潭沉睡的水。

Ⅲ

那喀索斯便走向树林深处隐蔽的泉水。只有在那里,他才感到他自然地成双了;他伸出手臂,把

---

① S.马拉美:《希罗底》。
② G.Rodenbach(1855—1898):比利时诗人。——译注
③ L'espion 有奸细等意,此处为转义。这词也有门上的警眼之意。——译注

手伸向他自己的脸庞,他对他自己的嗓音说话。厄科①并不是遥远的山林水泽的仙女。仙女生活在泉水深凹处。厄科始终伴着那喀索斯。她就是那喀索斯。仙女有他的声音。她有他的脸庞。他并没听到她大声喊叫,他听到她在耳语,似用她迷人的声音,用她诱惑人的声音在耳语。在水面前,那喀索斯对他的身份,对他的双重性忽然明了,尤其对他的男性和女性的双重性顿时醒悟。

在泉水旁,一种理想化的自恋产生了,对此,我想简略地说明它对想象的心理学的重要意义。这一点我觉得尤其必要,因为经典的精神分析似乎低估了这种理想化的作用。事实上,自恋并不总是神经官能质的。自恋在美学作品中也具有积极意义,进而在文学作品中有积极意义。升华并不总是对意愿的否定;它并不始终表现为那种针对本能的升华。它可能是一种支持理想的升华。此时,那喀索斯不再说:"我爱我自己那样子",他说:"我就是我爱自己的那样子。"我兴奋地存在着,因为我虔诚地爱自己。我想显现自己,因而我应当倍加修饰自己。这样,生活变得多彩,生活中充满形象。生活

---

① Echo:希腊神话中的仙女,回声的化身。

在成长,生活使存在改观;生活变得清白;生活之花盛开;想象朝着最遥远的隐喻开放;它参与到了各种花朵的生活之中。现实的生活有了这种花卉的活力朝气,便飞跃发展起来。若赋予现实生活以它那种适当的非现实性的空缺,它就会变得更好。

这种理想化的自恋便实现了爱抚的升华。在水中静观的形象犹如某种可看到的爱抚的轮廓。这种爱抚无需一双会抚慰的手。那喀索斯迷恋于线形的、虚拟的和形式化的爱抚。在这种俊俏的和脆弱的形象中,并无任何物质的东西存在。那喀索斯屏住了气:

> 我呼出的
> 最轻微的气息
> 都会从我这里
> 夺走我曾珍爱的东西
> 在蓝色和金黄色的水上,
> 那天穹和树林
> 那水波上的玫瑰。

(《那喀索斯》。保尔·瓦雷里:《文集》)

这样的脆弱和俊俏,如此的非现实,在把那喀索斯推向现实之外。那喀索斯的静观必定同某种期望相联在一起。那喀索斯在对他的美貌沉思时也在沉思着他的前途。自恋便决定了某种自然的反射光占卜。此外,水占卜和反射光占卜的结合并不少见。德拉特①(Delatte)曾有过这样的实践,把水的反射和放在水面上的镜子的反射结合在一起。有时候,有人真的把占卜镜放进水里以使反射力度增加。因而我认为不可否认,水占卜的构成因素之一便源于自恋。当我们对占卜术的心理学特征做了系统研究之时,就会赋予物质想象以十分重要的作用。在水占卜中,似乎把双重的视觉归于静水,因为静水让我们看到我们自身的复制品。

IV

然而,泉水边的那喀索斯并不仅仅沉迷于对他自己的静观。他自身的形象是世界的中心。同那喀索斯在一起的,并为了那喀索斯,那是整个树林

---

① 德拉特:《希腊反射光占卜及其派生的占卜》,巴黎,1932年,第111页。

在照看自己,是整个天空前来体会自己的伟大形象。约阿香·加斯凯[1]在他的《那喀索斯》(这书值得做长篇研究)一书中,以高度概括的语言向我们说出了想象的整个形而上:"世界是一个巨大的正在自我欣赏的那喀索斯。"有何处比得上在自己的形象中更好地自我欣赏呢?在泉水的透明晶亮中,手一搅就模糊了形象,平静下来时形象又再现了。被反映出的世界是对宁静的征服。绝妙的创造,它只需无作为,它只要求梦幻状态,在其中,人们会看到世界在凸显出来,静穆地遐想时间越长,就越分明!一种宇宙的自恋——对此,我将通过其不同形式做较多研究——便自然继续着自私的自恋。"我美,因为自然是美的;自然美,因为我是美的。"这就是具有开创性的想象和它的自然的样本之间的无休止的对话。普遍化的自恋把各种存在改变为花朵,它又给予所有的花朵对自身美的意识。所有的花朵便爱恋自己,并且对于花而言,水是自恋的美妙工具。只有绕着这个弯,才可能赋予雪莱[2]的思想以力量和哲学魅力。"黄色的花,永久地注视着

---

[1] J.Gasquet(1873—1921):法国诗人。——译注
[2] Shelley(1792—1822):英国诗人。
雪莱:《全集》,拉布译,第Ⅰ卷,第93页。——译注

倒影在宁静水晶中的倦怠的双眼。"从现实的目光来看,这是一个很糟的形象:并不存在花的眼睛。但对诗人的梦来说,花会看到,因为花在纯净的水里照着自己。济慈①把那喀索斯的人间的,继之宇宙间的和花卉的传说都融汇在美妙、清新的同一节中。诗中,那喀索斯先同厄科说话,此时他看到了在林中空旷地的池塘中央倒映着的空旷和安详的蓝天;最后在岸边,看到的是色彩的勾勒的美,是色彩的几何艺术:

> ……他突然看到一朵孤独的花;
> 一朵被遗弃的,不显眼的无傲气的花,
> 把自己的美倾俯在水波的镜面上
> 怀着爱恋靠近她那忧郁的模样。
> 微风中,她不动也不摇;
> 似永不知足地倾俯着,倦怠着,爱着。

正是这种无傲气的自恋的微妙的细微差异,给予每一件美好的东西,给予最普遍的一朵花,以自身美的意识。对于花来说,长在水边,这就是注定

---

① J.Keats(1795—1821):英国诗人。——译注

于天生的自恋,注定于潮湿、卑谦和安详的自恋。

倘若我们逐个来看在各别的实在面前的各别的遐想,就会发现某些遐想具有极为规则的美学命运。这就是在水倒映前的遐想的情况。自恋——美的第一意识——便是唯美主义的萌芽。这种唯美主义的影响力正在于它是向前的,是细致的。我将在别处来谈这个问题。

让我们首先来看一下宇宙自恋的不同情况。我们在静观秋水时看到的是一种薄雾缭绕的自恋,而并不是那种倒映十分明亮的清晰的自恋。好像事物缺乏那种反映自身的意愿。此时,还有天空和云彩需要水塘来描绘它们的故事。当湖面波涛随风而起时,我们看到的是一种愤怒的自恋在迫使诗人接受它。雪莱在一个绝妙的形象中表现出这种狂怒的自恋。他说,此时水似"一块上面刻印着天空形象的宝石"。

如果仅仅局限于自恋的缩小的形式,如果把自恋同它的一般化脱离开来,那么我们就不会理解自恋的全部意义。对自身的美满怀信心的有生命之物,具有一种唯美主义的倾向。我们可用由 L.克拉格斯[①]长

[①] Ludwig Klages(1872—1956):德国哲学家,心理学家。——译注

期发挥的原理来体现个体自恋和宇宙自恋之间的辩证活动:若无世界的极,心灵的极性便不能建立。① 个体的自恋称,若湖面不是首先映出我的形象,那么它就不是一位好画家。倒映在水中的脸庞就会突然阻止水流逝,并使水归回到它的普遍的镜子功能。正如艾吕雅②在《敞开的书》(第 30 页)中所写:

在此,不会迷失
我的脸在纯水里
我看到只一棵树在歌唱
石子变柔软
映出了天边。

逐渐,美呈现出来了。美从那喀索斯发展到了外界,我们体会到了弗里德里希·施莱格尔③的信念:"我们确知生活在最美的地方"(《鲁辛德》,1907 年版,第 16 页)。唯美主义成了一种内在信念。

有时,我们会感到在诗人的作品里有着对这种

---

① 克拉格斯:《作为灵魂叛逆者的精神》,3 卷,I.T.,第 1132 页。
② P.Eluard(1895—1952):法国诗人。——译注
③ F.Schlegel(1772—1829):德国作家,文学批评家。——译注

宇宙的海市蜃楼的抗拒。这便是在欧仁尼奥·道尔斯①的作品中所见。道尔斯当然是一位"大地的"诗人。在他看来,景物首先应当是"地质的"。下面我将转述一段文字,其中体现着对水的诗歌的抗拒。这段文字会反衬出我自己的看法。欧仁尼奥·道尔斯②想阐明空气和阳光的因素是一些形容词,它们不能使我们认识景物的真正实质。譬如,他欲要一幅海洋风景画显出"建筑的坚实",他做结论说:"一幅可倒置过来观赏的海洋风景画是一幅糟糕的画。透纳③本人——他在光线幻象上是极为大胆的——也不冒险画可以颠倒的海洋风景,也就是在这种画里,天可当成水,水可当成天。如果说印象派画家莫奈(Monet)在《山林水泽女神》系列中这样做的话,我们可以说他在罪恶中找到了补赎;因为莫奈的《山林水泽女神》在艺术史中从不曾也永不会被视为一幅正常的作品,倒可以说被当作一种任性,这种任性若在一时使我们的感觉得到快慰,它却无任何理由可被接纳到我们记忆的珍贵宝

---

① E.d'Ors(1882—1954):西班牙哲学家,艺术评论家。——译注
② 欧仁尼奥·道尔斯:《戈雅传》,译文,第179页。
③ J.Turner(1775—1851):英国风景画家。——译注

库里。供片刻散心消遣之物;这种替代物已与工业艺术产品中纯装饰的东西为伍了;阿拉伯式装饰品,地毯,法恩扎①陶瓷盘子的同类;说到底,是那种看见而不会注视,拿着而无想法,忘却而无遗憾的东西。"对"可替代物"是何等厌恶!对静止的美又是何等需要!同欧仁尼奥·道尔斯相反,我们多么愿意看到一幅会产生动感幻觉的艺术作品,即使是骗人的也罢——如果这种谬误为我们打开了遐想之路的话。我们在《山林水泽女神》图前所感受到的正是这些。当我们对水的景色感到亲切时,便会领受其自恋的功能。启迪这种功能的作品便会通过水的物质想象而被人误解。

V

倘若我们强调了自恋的形而上的特点,也许这些有关个体的自恋同宇宙自恋之间关系的看法便会显得更有理了。

---

① 法恩扎(Faenza):意大利城市名,以产手工陶瓷制品而著名。——译注

叔本华①指出,美学的静观会使人同意志的悲剧分离,从而在瞬间平息人的不幸。这种静观与意志的分离抹杀了一种特性,我想指出这种特点便是:静观的意志。静观本身也在决定意志。人想观看。观看是一种直接需求。好奇心使人的精神充满活力。然而,在自然本身,视察力似是主动的。在被静观的自然与静观的自然之间,其关系是狭窄而相互的。想象的自然实现着原生的自然和所生的自然的统一(natura naturans et la natura naturata)。当诗人经历了自己的梦和自己的诗歌创作,他就实现了这种自然的统一。被静观的自然似有助于静观,似乎它已经含有静观的方法。诗人要我们"尽可能地得到我们委以去静观现存之物的水的相助"②。但是,是湖泊还是眼睛静观最佳? 湖泊,池塘,沉睡的水把我们阻挡在岸边。它对愿望说:你走不了更远;你服从于职责,观望遥远的景物,观望目光不及之物。过去当你在奔走时,这里已有某种东西在观望了。湖是一只安详的大眼睛。湖攫取全部光亮,又把光亮变作一个世界。对于湖而

---

① Schopenhauer(1788—1860):德国哲学家。——译注
② 保尔·克洛代尔:《旭日中的黑鸟》,第 230 页。

言,世界已经被静观,世界已经被体现出来。湖还可以说:世界就是我的表象。在湖畔,人们明白了主动视觉这个古老的生理学理论。对于主动视觉而言,眼睛似在抛投光亮,它似在自己照亮自己的形象。此时,人们懂得了眼睛具有看到自己视觉的意志,而且静观也是意志。

宇宙在某种程度上深受自恋影响。世界欲看见自己。从叔本华的观点来看,意志创造了双眼来观看,沉湎于美。就它而言,难道不是一种发光的美吗?难道它不具有唯美主义的标志吗?眼睛必定是美的才会看到美。眼球的虹膜必定具有美丽的色彩,才能使各种美丽的颜色进入眼珠里。若无蓝眼睛又怎么会真正看到蓝天?若无黑眼睛又怎么看黑夜?反之亦然,任何一种美也都布满眼状斑点。这种可看见的东西与视觉的唯美主义结合,无数的诗人已经感觉到,经历过但却难以名状。雪莱在《解放的普罗米修斯》中写道:"紫罗兰优雅的眼睛望着蔚蓝天空,直至它的颜色变得类似它所观看的东西。"①还能更好地在物质想象的实体模拟中把握住它吗?

---

① 雪莱:《全集》,译本,第一卷,第23页。

在斯特林堡①的作品《斯瓦纳维特》②中,当这位女主人公等着可爱的王子时,她抚弄着孔雀的背和尾说:小孔雀!小孔雀!你看到了什么?你听到了什么?有人会来?谁来?是那位小王子吗?他又美又可爱?你能用你所有的蓝眼睛看到他吗?(她拿着孔雀毛朝天看着,目不转睛地盯着羽毛上的眼。③)顺便指出,羽毛的眼也叫作镜子。这是在被看到的(Vu)和看的(Voyant)④这两个分词上做文章的双重性的又一次体现。对于双重性想象来说,孔雀是一种众多的视觉。克安才⑤认为原始的孔雀有一百只眼睛。⑥

一种新产生的细微变化马上就进入了普遍化的视觉中并强化了静观的意志特性。斯特林堡的仙女故事阐明了这种特性。孔雀羽毛的彩虹色,这只无眼皮的眼睛,这只常睁的眼睛突然间变得厉害起来。它不是在静观而是在监视。于是,阿尔居

---

① A.Strindberg(1849—1912):瑞典作家。——译注
② 发表于1902年前后。——译注
③ 斯特林堡:《斯瓦纳维特》,译本,第329页。
④ Vu 和 Voyant 是动词 Voir(看见)的分词。——译注
⑤ F.Creuzer(1771—1858):德国哲学家。——译注
⑥ 克安才:《古代宗教》,译本,第1卷,第168页。

斯①的相好者扭曲了仰慕的爱的温情脉脉:刚才你在看着我,现在你在监视我。斯瓦纳维特在抚弄孔雀一番后感到了眼状圆圈的注视:"你在这里是监视我,阿尔居斯你这个坏蛋……白痴! 我拉上帘子,你明白吗!(她拉上帘子,挡住孔雀,但并没遮住景致,然后她向斑鸠走去。)我的白斑鸠,白斑鸠,你们来看看还有更白的东西。"最后,顶不住诱惑,阿尔居斯,那只眼神凶狠的孔雀拉开帘子。"谁拉开了帘子?谁要这只鸟用它的百眼来看我们?"(第248页)喔,百眼尾!

那种怀有现实主义和逻辑信念的评论很容易指责我们在此玩弄"眼睛"一词——由于何种的偶然?——把它归于孔雀羽毛的圆圈状斑块。但是真正能接受孔雀所展现的那种对静观的诱惑的读者是不会忘记这百"眼"汇聚在一起的奇特感觉的。显然,孔雀尾本身想要诱惑人。让我们细细地观看一下孔雀开屏。孔雀开屏并不是一个平面。它呈内曲形,如贝壳一般。如果有什么家禽偶尔走过这面内凹镜,这个呈内凹的视觉的中心时,孔雀的傲气就会变成恼怒,这种愤怒传遍每片羽毛,整个孔

---

① 指孔雀。——译注

雀屏颤抖起来,抖动并发出响声。此时,观看者便会感到面对着一种美的直接意志,一种不可能置于被动状态的炫耀力量。人的那种弄巧成拙的美的心理缺乏动物观察家不可能不观察到的进攻性的美的特征。鉴于这种实例,叔本华哲学的研究者完全能确信有必要把叔本华各种分离的教诲汇聚在一句话中:静观的吸力是属于意愿的范围。静观,并不是同意志对立的,而是遵循意志的另一分支,就是参与到美的意志中去,美则是普遍意志的一种因素。

若无把美的现象同视觉的意志结合在一起的积极想象的理论,那么斯特林堡的那些文字是无法理解的和黯然失色的。若读者要从中寻找一些简易的象征物,那便是一窍不通。要读懂它,必须使想象既参与形式生活也参与物质生活。活生生的孔雀进行着这种综合。这种宇宙的自恋和有活力的唯美主义的构成也没躲过维克多·雨果的眼睛。他知道自然界强制我们去静观。面对莱茵河畔的一处美景,他写道:"在这样的地方,会以为看到那只名叫自然的美丽孔雀开屏。"[1]因此,我们完全可以说孔雀是普遍的唯美主义的微观宇宙。

---

[1] V.雨果:《莱茵河》Ⅱ,第20页。

这样，在各种各样形式下，在各种完全不同的机遇里，在各位迥然相异的作家的作品中，我们看到视觉与可看到之物的无止境的交换重复地发生着。拉马丁①在《格拉齐埃拉》中写道："闪电穿过百叶窗的缝间喷发出来，就如我房间墙上有只火眼在闪烁。"②发光的闪电在观看。

可是，如果看东西的目光温柔一点，凝重一点，沉思一点，这就是水的目光了。对想象的审视使我们得出这样的悖论：在普遍化的视觉的想象中，水起着一种意料不到的作用。土地的真正的眼睛是水。在我们的双眼里，正是水在幻想。我们的眼睛不正是"那滩上帝安置在我们身心深处的未经开发的液态光亮吗"③？在自然界中，还是水在看，是水在幻想。"湖造就了花园。一切围绕着这滩思考着的水构造而成。"④一旦全部身心投入想象之中，以梦想和静观汇合起的全部力量投身进去时，我们会懂得保尔·克洛代尔思想的深刻性："水便是土地

---

① A.Lamartine(1790—1869)：法国诗人。——译注
② 拉马丁：《真情录》，第 245 页。
③ 克洛代尔：《旭日中的黑鸟》，第 229 页。
④ 克洛代尔：《旭日中的黑鸟》，第 229 页。

的眼光,是它的观察时间的工具……"①

VI

说了这些形而上的题外话之后,让我们再来谈一谈水的心理学的更为简单的特性。

对于清澈的水,对春水,这些倒映着形象的水的各种嬉戏,应当补上这两种水的诗歌的成分:清凉。当我们对纯洁性的神话做了一番研究后,就会随之再次发现这种属于水量的品质。我们会看到这清凉是一股唤醒的力量。但从现在起,就应当着重指出这一点,因为它同其他的直接形象构成一体。想象的心理学必须整体地考虑美学意识的各种直接素材。

当我们在溪水中洗手时所感到的这股清凉扩散着,占据了整个自然界。它很快便成为春天的清凉。"春天的"这个形容词不可能同任何一个比水更强的名词②相结合。在法国人的耳朵里,没有比

---

① 同上。
② 名词 substantif 与实体 substance 是同根词。——译注

春水这词更为清凉的了。清凉以潺潺的水流浸润着春天;它使新生的整个季节更有价值。反之,清凉在空气主宰的形象里具有贬义。一股凉风,已带来了冷的感觉。它使热情冷却。每个形容词便拥有它自己特有的名词,而物质的想象就很快记住了它。清凉就这样成了水的形容词。就某些方面来说,水是实体化的清凉。它标志着一种诗意的氛围。正是这样,水使绿色的爱尔兰和橙红色的苏格兰成了辩证的关系,绿草对着欧石楠。①

当我们找到了诗歌品质的实体的根源,真正找到了形容词的材料——物质想象在这种材料基础上展开——时,一切扎实的隐喻就会自动地发展起来。由于各种官能的价值——不再是感觉——同实体相维系在一起,便产生了不会误导的相通。因此,像草原那样的绿色清香必定是清新的香味;是鲜嫩的、有光泽的肉体,是像孩童的肉体那样的丰满肉体。各种相通都由原初的水,由肉质的水,由普遍的本原所支撑。物质想象在得知了某种隐喻的本体论价值时,它就对自身充满自信。反之,在

---

① 爱尔兰岛气候多雨温和,适宜草的生长;苏格兰海拔较高,多山,气候凉爽,多小灌木;欧石楠是一种小灌木,开微紫花。——译注

诗歌领域中,现象主义则是一种苍白无力的理论。

VII

清凉、清澈同样也是河水之歌。水声实际上天生具有清凉和清澈的各种隐喻。欢笑的水,嘲笑的溪水,欢腾吵闹的瀑布会聚在各种各样虚构的景致中。似乎,这些笑声,这些歌声是大自然充满稚气的话语。孩童般的大自然通过溪水来表达。

要脱离这孩童的诗歌是很难的。在许多诗人的作品中,溪流以那种"婴儿室"所特有的、同样的调门发出汩汩声,婴儿发着单调辅音构成的双音节:dada,bobo,lolo,coco。在大人们为孩童编织的童话故事中,小河流水就这样在歌唱。

然而,这种对纯洁而深刻的和谐的极度简化,这种挥之不去的稚气,这种诗歌幼稚气——它是许多诗歌的毛病——不该使我们低估了水的青春朝气,充满活力的水给予我们的生命力的教益。

这些阴暗小树林中的泉水,这些"林中之水",往往不为人知,先听到它们的潺潺之声,然后才见到它们。当我们从梦中醒来时,就会听到它们。浮

士德正是在贝内(Pénée)河畔听到了它们:

> 流水似孩童絮语。
> 而山林水泽仙女答道:
> 我们低声细语,
> 我们湍流不息,
> 我们为你鸣唱。
>
> (《浮士德》第二部,第Ⅱ幕,"贝内")

但这种神话具有真正的力量吗? 幸福的人是溪水清新的歌声、充满活力的自然的声音把他唤醒的人。每一天对于他来说都有新生的朝气。黎明时分,溪水之歌是一首青春的歌,是青春的激励。是谁把自然的觉醒,把在自然里的觉醒归还给我们的?

Ⅷ

同映像这种相当肤浅的诗歌联系在一起的,是一种完全可见的、人为的并往往是学究式的性化。

这种性化产生了或多或少带有书本气味的关

于水泉女神①和山林水泽女神的联想。众多的欲念和形象也因此产生出来,即那种完全可称之为瑙西卡②情结的真正的文化情结。实际上,山林水泽仙女、海中仙女、森林仙女、树精等仅仅只是学校课本中的形象。这些形象是那些凡夫俗子制造出来的产品。庸俗小市民把学校课本中的记忆转移到了乡间,引用几个希腊字时将带分音符的 i 颚化,这些人想象泉水就不能没有山林水泽仙女,想象池塘就不能少了国王的女儿。

在本章末尾,当我们能对传统象征中的词语和形象做归纳总结时,便能更好地显示文化情结的特征。让我们回到对现实景观的审视中来,这些现实的景观是想象的隐喻之渊源。

如诗人所描述或臆想的、如画家所描绘的那样的浴女在我们的乡间是见不着的。沐浴只不过是一种运动。作为运动,它与女性的羞涩迥然相异。从此,游泳③是人群汇集。它为一些浪漫派人士创造了"氛围"。这词不可能再创造出真正的自然之诗歌。

---

① 宙斯的女儿,住在河流、泉水、湖泊中。——译注
② 瑙西卡(Nausicaa):希腊神话中,奥德修斯在归途中船沉没,他被瑙西卡及女伴的歌声唤醒。——译注
③ la baignade 指在江、湖、海中游泳(洗澡)。——译注

此外，那种原始的形象，映着光彩倒影的浴女形象是虚假的。浴女搅动水时就毁了自己的形象。沐浴的人是不会有映像的。因此，必须有想象才能补充现实。想象便在实现某种欲望。

那么河流的性的作用何在？使人联想起裸体女性。河边的漫步者会说，瞧，这水多么明亮。这水会多么真切地反照出最美丽的形象！因此，在那水里沐浴的女人会是又白又年轻；因此，她是裸体的。另外，水会使人想到自然的裸露，那种能保持纯真无邪的裸露。在想象的天地里，真正裸体的生灵，具有无毛发的外形，总是出自海洋。从水中出来的生灵是一种逐渐变得物质化的倒影：这种倒影在成为生灵之前首先是一种形象，在成为形象之前它又是一种欲望。

对于某些遐想而言，所有倒映在水里的东西都有女性特征。下面是这种幻想的实例。让·保尔①作品中的一个主人公在河边沉思冥想，他突然间不作任何解释地说："从湖泊纯净的水中间隆起了山丘的顶尖，犹如浴女出水一般……"②人们可向任何

---

① J.P.Friedrich(1763—1825)：德国小说家。——译注
② 让·保尔：《泰坦》，译本，第Ⅰ卷，第36页。

一个现实主义者挑战,他都无法解释这种形象。人们可讯问任何一个地理学家,如果他不避开大地来幻想的话,他就永远没机会把山岳形态的倒影同女性的倒影作比较。女性形象凸显在让·保尔眼前是由于他对倒影的遐想。对此,只有用冗长的心理学的解释才能讲明白。

IX

在文学作品中,天鹅是裸女的替代物。这是被许可的裸露,是纯洁无辜的白色,但又是毫无掩饰的。至少,天鹅让人看它!酷爱天鹅的人就会渴望浴女。

《浮士德》第二部[①]为我们详细展现了境况是如何使人物显现的,幻想者的欲望又是如何在各种不同的形式下发生演变的。下面便是这场戏的三幅景象:风景—女人—天鹅。[②]

起先是无人居住的风景区:

"溪水穿过浓密的轻微摇曳的灌木林,在一片

[①] 歌德完成于1832年,比第一部更富有哲学意义。——译注
[②] 歌德:《浮士德》,第2部分,第Ⅱ幕,Porchat,译本,第342页。

凉意中悄悄地流淌;它并不发出潺潺之声,它几乎不流动;无数清泉汇聚成纯净、晶亮的水池,平整而下凹,供人沐浴。"

"Zum Bade flach vertieften Raum."①

似乎,自然界形成了避人耳目的地下穴洞来隐藏浴女。诗中,随着对水的想象,那清凉、凹陷之处马上就出现了人群。请看第二幅图像:

"似鲜花般盛开的年轻女性形象,呈现在着迷的目光前,那液态的镜面映出了她们的倒影!她们一起快活地在水中嬉耍,大胆地游泳,胆怯地漫步;最终,发出了呼叫声,在水中搏斗!"

此时,欲望变得浓缩了,越来越确切,内在化了。欲望不再是视觉的一般快感。活生生的、完整的形象正在脱颖而出:

"这些美人于我足矣,我在此一饱眼福;然而,我的欲望却越发不可收拾;我的目光热切地跟踪而去。浓密的树丛、厚实的树叶藏起了高贵的王后。"那位遐想者认真地静观起藏匿的东西;他用现实的东西编造出了神秘之物。"封面"的形象便要出现。现在正是处在幻想的核心。这核心将要扩散;它把

---

① 德文:在平整下凹的房里洗澡。——译注

最遥远的形象聚集起来。先是所有的天鹅,然后是那只天鹅:

"喔,美妙无比!天鹅从它们的栖息之处游来了,那姿态既纯洁又高贵;天鹅慢悠悠地漂浮过来,温柔而亲切;头和嘴摆动着,似是骄傲而且得意……其中,有一只煞似大胆,昂首挺胸,穿过鹅群迅驶而来;它的鹅毛蓬起;追波逐浪,直奔神圣的隐蔽处……"

在古典德语中很少见的省略号,被歌德用在恰到好处的地方(诗句,第 7300 句至 7306 句,Hermann Bohlau 出版社,魏玛,1888 年)。正如人们常见的那样,省略号对文章做"精神分析"。省略号中断了不便明说的东西。我从包沙(Porchat)的译文中删去了并没出现在德文原著中的许多省略号,这些省略号添补上去以暗示一些无力也无真实性的回避——倘若我们把这些回避同需要做精神分析做比较的话。

再说,对于初试做精神分析者来说,也毫无困难便可在天鹅这种最后的形象中捕获到雄性特征。正如在无意识中处于行动中的各种形象那样,天鹅的形象是两性体的。天鹅在静观明亮的水时是雌性的,而在行动中是雄性的。对无意识而言,行动是一种行为。对于无意识而言,只有一种行为……使人联想起行为的形象在无意识中必定会从雌性发展为雄性。

《浮士德》第二部为我们提供了我们称之为"完整形象"的东西,或是十分富有朝气的形象的东西的范例。有时,想象会聚了肉欲方面的形象。想象首先从遥远的形象中汲取养料;想象面对广阔的远景展开;它从中划出一块隐蔽之地,汇集起更富有人性的形象。它从视觉的享受发展成为更内在的欲望。最终,在诱惑迷梦的高潮处,视觉的形象变成了性的追求目标。目光所见使人联想到了具体行为。此时,"羽毛蓬起,天鹅直奔神圣的隐蔽之处……"

只要在精神分析方面再进一步,我们便会明白,死之前,天鹅之歌可释为情人的忠贞不渝的誓言,是诱惑者在那至高无上的瞬间之前,在极度快感和兴奋以致真正是"一种为爱而死"之前的热切的声音。

"天鹅之歌",这支为性爱而死之歌,这支不久就平静下来的兴奋的欲念之歌,只是很少出现在自身的情结意义之中。这歌在我们的无意识当中不再有任何的反响,因为"天鹅之死"的隐喻是各种隐喻中陈旧的一种。这是一种被矫揉造作的象征主义否定了的隐喻。在拉封丹的诗中,天鹅在厨师的刀下唱出了"最后的歌"时,诗意便荡然无存,不再让人感动,也失去了它自身的意义而为一种常见的象征主义或是已过时的现实主义意义所用。在现实主义兴盛之时,有人还会自问,天鹅的喉能唱出真的歌声甚至临终的鸣叫吗?无论从习俗的角度或从现实的角度,天鹅之歌的隐喻都是不可解释的。正如对其他各种隐喻那样,应当在无意识中去寻找解释的原因。如果说我们对倒影的一般解释是准确的话,那"天鹅"的形象便始终是一种欲念。正是从此时起,它唱出的是一种欲念。然而,只有一种欲念在死亡中歌唱,在歌唱中死去,这就是性的欲念。天鹅之歌便是达到自身巅峰的性的欲念。

例如,我觉得,我的这种解释是唯一能表达尼采的这美妙篇章的无意识和诗意的各种共鸣的。[①]悲剧的神话把现象的世界推至极限,在那里,它自我否定并设法返回真正的和独一无二的现实中,在那里,如伊泽(Yseult)那样,它似唱起了天鹅这首形而上之歌:

---

① 尼采:《悲剧的诞生》,译本 G.Bianquis,第 112 页。

> 在欢快海洋的
>
> 微波荡漾中,
>
> 在芳香波涛的
>
> 响亮拍打中,
>
> 在天地颤动的
>
> 轻轻摇晃中
>
> 吞没了——毫无意识地淹没了
>
> ——至高无上的快感!

把人吞没在芳香的波浪中,又把他同颤动的并如水流那样荡漾的天地联结在一起的这种牺牲又是什么呢?对自己的丧失与幸福一概无知的人的这种令人陶醉的——而且在歌唱的——牺牲是什么呢?不,这不是最终的死亡。这是某个晚上的死亡。这是光辉灿烂的早晨将会看到它再生的得到满足的欲望,正如白日更新着立在水中的天鹅的形象一般。①

---

① 也许,在马拉美的《天鹅》中,会发现爱的自恋和为爱而死的自恋之间的融合。克洛德·路易·埃斯泰夫在有关马拉美的论著(《关于文学表达的哲学研究》,第 146 页)中说:"马拉美的天鹅,既美又因恋己而清瘦,天鹅的脖子(不是蹼足)摇晃着白色的临终,最终凝固在冰面上,它始终是纯洁和优美。"

X

要使像我们刚提出的天鹅情结这样的情结具有诗化力量,就必须使这种情结秘密地在诗人心中发生作用,就必须那位长久地静观水上的天鹅的诗人本人并不知道他在渴望着一种更甜蜜的奇遇。应当相信,这便是歌德遐想的情况。要显现浮士德遐想的自然,我可用另一个实例来同它做对照,其中,可看出象征物显然是生造出来的并粗制滥造地把它们拢合在一起。在这个例子里,我们会看到在各种文化情结中典型的由次货拼成的古希腊文化的实际表现。其中,并无欲望与象征物的交融,原初的形象并无自身洁净的生命,而是被对某种听来的神话的回忆所占据。我们从皮埃尔·路易①汇编的取名为《山林水泽仙女的黄昏》(Montaigne 出版社)的小说集里的一篇作品中借用来这个例子。这本书中有一些十分优美的章节。我不打算从文学角度来评论它。使我感兴趣的是心理学观点。

---

① Louys,即 P.Louis(1870—1925);法国作家。——译注

在那篇《丽达①或至幸的黑暗赞》小说中,天鹅的情结马上就披露出了人的特征,过分多的人的特征。包装的形象并不起作用。过分地露骨,贪淫好色的读者顷刻间便得到满足,直接地得到满足。"美丽的鸟洁白如一位妇人,光彩夺目如阳光"(第21页)。但那只洁白如妇人的鸟,当它绕着山林水泽仙女转圈并从侧旁观看她时,就已经抛弃了整个象征价值。此时,它游向丽达(第22页)。当天鹅"在丽达身旁时,它还向前靠近,在宽宽的红色足蹼上直立起来,朝着那呈微蓝色的大腿,尽力伸高它那扭摆着的优美的颈脖,贴近大腿根的柔和的皱沟处。丽达吃惊地用双手慢慢抱起它那小脑袋,温情地呵护着。天鹅浑身的羽毛轻颤起来。天鹅用它深长而柔软的羽翼,紧抱着赤裸的双腿并将它们曲起。丽达便就势倒卧在地"(第22页)。再往后两页,一切都亮明了:"丽达像一朵河里的蓝色花向它敞开着。她在冷冷的双腿间感到天鹅体躯的温热。突然间,她发出了呀!……呀!……的叫声,双臂如苍白的枝杈抖动起来。天鹅的嘴巴可怕地进入了她的身体,它的脑袋在她体内拼命活动着,像在

---

① 在引文中,我仍保留作者所选用的拼写规则。

津津有味地吃她的内脏一般。"

这样的段落已无神秘可言,也无需精神分析学家来做解释。天鹅在此已是一种完全无用的委婉说法。天鹅不再是水中居民。丽达无任何资格取得"河里的蓝色花"的形象。在此,水里任何一种饰物都不在其位。皮埃尔·路易虽然有很高的文学天赋,但《丽达》已无一点诗意。《丽达或至幸的黑暗赞》一文,并不符合物质想象的法则,物质想象要求各种各样的形象同基本形象维系在一起。

在路易的许多其他故事里,可看到在天鹅形象掩饰下的这种文学裸体主义的例子。在《普赛克》①中,不做铺垫,也没营造气氛,也没任何东西暗示美丽的鸟和反光的水面,路易写道:"阿拉格莉全身赤裸,坐在帝政时期风格的五斗柜最上面的抽屉上,像在锁把上展翅的黄铜大天鹅的那位丽达"(第63页)。还需指明阿拉格莉谈到她的情人,说"他在她的怀里死去,以获新生,变得更美"吗?

民间创作的作品也触及了天鹅的"裸体"。让我们讲一个传说故事吧,故事里的这种裸体主义并

---

① Psychê:希腊神话中以美少女形象出现的人类灵魂的化身,与爱神厄洛斯相恋。——译注

无过多的神话内涵:"在乌埃桑岛上,一位在池塘边放牧的青年,突然看到白天鹅在水池里休息,接着,从水里走出了光身的美少女,她们洗完澡后前来取自己的皮,后来便飞走。少年把这件事告诉了他祖母;祖母对他说这是天鹅女,这位少年终于夺走了天鹅女的外衣,并要她们把他带到由四条金链拉住的美丽的云中宫殿里。"偷走浴女的衣衫,这是淘气小男孩的玩笑!往往在梦中会遭遇这样的意外事件。在此,天鹅从这个词的整个意思上讲,是象征性的幌子。天鹅女更多属于遐想而不是夜里的梦。稍有时机,她就出现在水的遐想中。有时,只要有一点特征就可显示出来,这正说明了天鹅女的规律性。因此,在让·保尔充实着纯洁无瑕白色的梦幻中,出现了"白天鹅,伸展着她双臂的羽翅"。这形象从其原始方面来说意味深长。它具有那种冲动的想象的标志,也就是说那种应当理解为冲动的想象:翅膀,即伸开的双臂,指的是尘世的福乐。这是那种同双臂,即翅膀,相对立的形象,这双臂会把我们带向天上。

XI

　　皮埃尔·路易在他众多的神话故事中,"天鹅"的例子现在可让人明白某种文化情结的准确含义。往往,文化情结是同学校文化,也就是传统文化相关联的。看来,皮埃尔·路易并无保吕斯·卡塞勒①(Paulus Cassel)这样的博学家的耐心,卡塞勒把神话与故事收集在好几种文学作品里,以衡量天鹅这象征物的统一性和多样性意义。皮埃尔·路易求助于学校课本上的神话来写他的小说。只有那些学校求知神话的"初学者"才可能去读它。若是一位这样的读者得到满足的话,那么他的满足始终是不纯洁的。他并不知道自己是喜爱内容实质还是喜爱形式;他并不知道自己是在把形象贯连起来还是把情欲贯连起来。往往,各种象征物被汇集起来,而并没考虑它们的象征的演进。谈丽达必然应谈天鹅和蛋。同一篇小说中汇集了两个故事,却并不深入到蛋的神话特性中去。在皮埃尔·路易

---

① P.卡塞勒:《神话与现实生活中的天鹅》,柏林,1872年。

的这篇小说中,丽达甚至想起她可"在滚烫的灰烬中来煮蛋,就像她以前见过森林之神所做的那样"。另外,我们还看到,文化情结往往失去了同深处的真诚的情结的关联。文化情结很快就成了被误解的传统的同义词,或是换句话说,纯真地加以理性化的传统的同义词。玛丽·德尔古夫人①(Marie Delcourt)说得好,古典的博学要求神话必须具有它们并不包含的合理而实用的联系。

对某种文化情结做精神分析始终要求做到所知和所感之间的分离,就如对象征物的分析要求做到所见和所欲之间的分离一样。对于这种处理方式,我们会自问,一种陈旧的象征物是否还会被象征力所激活,我们可能会赞赏一些美学的变动,它们有时会重新赋予旧形象以活力。

正是如此,文化情结经过高明诗人的点拨能使读者忘却它们的传统形式。于是文化情结能载负起反常的形象。邓南遮的《无天鹅的丽达》②的形象就是如此。下面就是最初的形象:"现在,没有天鹅伴随的丽达就在那里,她的身体如此滑溜,以至她

---

① 玛丽·德尔古:《古代社会中神秘的不育和不吉利的生育》,1938年。

② 该作品发表于1916年。——译注

的手心大概也不会有皱纹,欧罗达斯河水①把她洗得极其光滑"(译本,第51页)。天鹅像经过水加工后的美人,流水已把它磨光。很久以来一直以为天鹅是船的最早的模型,是轻舟的最佳的倒影。船帆可能就是模仿了微风中伸开的翅膀的罕见景象。

然而,这种体现着邓南遮隐喻的最原初理由的线条纯洁性和简练,是同那种过分形式化的想象相符的。一旦天鹅这形象作为一种形式呈现在想象中时,水就会涌现出来,环绕天鹅的一切东西就会跟随着水的物质想象的冲动而发展。在这意义上,让我们追随于使邓南遮的诗歌充满活力的那股变幻的激情吧!水流中并没出现女人。她出现时身边是一群白色的猎兔犬。但是,这位女性如此美丽,如此诱人,以至由丽达和天鹅混合而成的这象征物在陆地上形成了:"变幻的古代节奏仍在世上流通"(第58页)。水在各处涌出,在存在之中,在存之外。"少妇好像是被捕获,在永葆青春的大自然中被重造,体内的泉水在她水晶般的双眼中翻滚。她就是她自己的那股泉水,她的河,她的岸,是梧桐的树荫,是小溪的微颤,是丝绒般的青苔;一群

---

① Eurotas:希腊河名,80公里长。——译注

无翅的大鸟向她袭来;当她把手伸向其中一只,抓住它毛茸茸的颈脖时,她正是重复着忒斯提俄斯①的女儿的动作。"还有什么能更好地说出想象之水的内在性吗?猎兔犬,女人——在一片意大利天空下,在意大利的土地上,这便是基本素材。然而,在那只不在场的、隐去的、潜在的、作者不愿点明的天鹅形象之后,正是"无天鹅的丽达"之水充实着场景,它沐浴着人物,它讲述着自己传奇的身世。倘若我们联想到仅是一种"意念的组合",一种"形象的组合"的话,那么就难以评介这样的篇章。这是一种更直接的推进,是非常同类的形象的创作,因为这些形象属于物质想象的基本实在。

XII

像天鹅这样有活力的形象是可以做各种各样的扩大的。正如我曾谈到过那种宇宙的自恋一样,在某些章节中我们也能识别出一种宇宙的天鹅。

---

① Thestius:希腊神话中埃托利亚的普琉戎国王。——译注

如皮埃尔·勒凡尔底①所说:"普遍的戏剧同人间的戏剧正趋向一致。"②一种大的欲望自以为是一种普遍的欲望。

关于通过水来反映的天鹅主题,在阿尔贝·蒂博代③青年时代的作品《红天鹅》中可看到这种升华的例子。这是一个戏剧性的神话,一种经过加工的教科书上的神话:"傍晚时分的天边,红天鹅展示着它永恒的挑战姿态……它就是这空间的王,大海就像奴才一般在它明亮的宝座前惊恐不安。但是,它是由谎言造就的,正像我是由血肉做成的那样……"(第175页)武士这样说道,他的妻子答:"红天鹅也常常慢悠悠地游着,屹立在呈珠光粉色的光轮中心,它的身影像一大片的寂静,散摊在万物上……它的倒影映在海上,像在轻吻一样"(第176页)。尽管这是靠象征物而存在的两个人物,但是形象是连贯的。作者认为,他的形象是属于好斗的一类。确实,性的特征到处都有:红天鹅就是那个要被占有、被征服的女人。蒂博代所构作的神话成为非象征主义的一

---

① Pierre Reverdy(1889—1960):法国诗人,超现实主义先驱。——译注

② 皮埃尔·勒凡尔底:《马毛手套》,第41页。

③ A.Thibaudet(1874—1936):法国文学评论家。——译注

例:完全表露在外的形象的象征主义,这些形象的性的意义的象征主义。当我们经历了这种非象征主义,就会觉得目光把形象汇拢在一起了,如内心集聚着欲望一样。一种情感的想象成为形式想象的基础。当一种象征主义在内心本身之中汲取自身力量时,视觉会如何扩大!于是似乎视觉在思考。在《红天鹅》这样的作品中,我们觉得沉思在继续着静观。因此,隐喻变得无所不在。因此,隐喻充斥着天空。

C.G.荣格也做过多次论述,使我们能理解在宇宙层面上,为什么天鹅既是水上之光又是死亡哀歌的象征。天鹅确是落日的神话。德语中,Schwan(天鹅)一词来自词根 Swen,即 Sonne,意为:阳光和色调。① 在另一处(第156页),荣格引了一段诗歌,诗中,哀唱的天鹅之死被描写为消失在水下:

> 池塘里天鹅在歌唱,
> 来回悄悄地漫游着
> 歌声越来越低沉
> 天鹅坠入水下身亡。

---

① C.G.荣格:《里比多的变化和象征》,第331页。

其他的宇宙层次上的天鹅的隐喻的例子也很容易找到。如太阳一样,月亮也能联系上这种形象。让·保尔的一个形象就是一例:"月亮,这只天上的美丽天鹅,用它的维苏威山的白色羽毛在天空之巅抚摸着……"①反之,在茹勒·拉福格②看来,天鹅是白天里月亮的"替代物"。③

在《传奇寓意》中,拉福格还写道:"天鹅展开翅膀,庄重而新颖地颤动着,腾空而起,全速飞起,不久便隐没在月亮后。

喔! 破釜沉舟的妙法! 高贵的未婚夫。"

所有这些形象五花八门,难以用隐喻的现实主义理论来解释,只有通过倒影的诗歌,通过水的诗歌的最根本的主题,才会真正具有统一性。

---

① 让·保尔:《土星》,第Ⅱ卷,第 129 页。
② J.Laforgue(1860—1887):法国诗人。——译注
③ 茹勒·拉福格:《文学》,新法兰西杂志,1941 年 3 月,第 432 页。

第二章

深邃的水,沉睡的水,死水。
埃德加·坡的遐想中的"沉重的水"。

必须猜摸画家才能理解形象。

——尼采:《叔本华》,第 33 页

I

对于研究一种如同想象那样变化的、不定的、各式各样机能的心理学家来说,遇见一位具有罕见的一致性——想象的一致性——的诗人,可说是一种天大的好事。埃德加·坡就是一位这样的诗人,一位这样的天才。在他的作品中,想象的一致性有时被智性的建树,被对逻辑推论的爱好,被对数学思维的追求所掩盖。有时,盎格鲁-撒克逊的读者所要求的幽默掩饰着那种创造性遐想的深厚感。

但一旦诗歌又重新取得了自己的权利,自己的自由,自己的生命时,埃德加·坡的想象便又重获它那种奇特的一致性。

玛丽·波拿巴特在对埃德加·坡的诗歌和小说的深刻、细微的分析中,发现了这种一致性的占主导地位的心理因素。她证实了这种想象的一致性是那种对不可穷尽的回忆的忠实性。无法设想还可能深化这样一种调查,它已透过种种回想,深入到了逻辑的和意识的心理更远之处。因此,我将大量地利用波拿巴特夫人这本书中所积累的心理学资料。

然而,除了这种无意识的一致性之外,我认为在埃德加·坡的作品中能凸现出表达手段的一致性,一种把作品变为那种天才的单调的用词色调。伟大的作品总有这双重标记:心理学为这些作品找到了秘藏的策源地,文学批评又发现了它们的富有特色的用词。像埃德加·坡这样的诗人的语言肯定是很丰富的,但它也有等级之分。想象在它的多种多样形式之下,隐藏着一种特殊的实体,一种决定着表达层次和一致性的积极的实体。我们可以毫无困难地证实,在埃德加·坡的作品中,这种特殊的物质是水,更准确地说是特别的水,一种沉重的水,它比在自然界中所见到的各种沉睡的水,各种死水,各种深邃的水更深刻、更死沉、更沉睡。在埃德加·坡的想象中,水是一种极点,是实体的实体,是实体之母。埃德加·坡的诗和遐想便能作为我们的典范,用来标志这种诗的化学的重要元素,这种诗的化学便能研究各种形象,为每种形象确定它们的内在的遐想的分量,它们深处的物质。

II

若说我并不担心显得如此武断,那是因为我马上就可以作出证明:在埃德加·坡的作品中,水的形象的归宿紧随着主要的遐想,即对死亡的遐想的归宿。事实上,波拿巴特夫人最明确地揭示的东西,正是埃德加·坡的诗学的那种主导形象是垂亡母亲的形象。后来其他的被死亡夺走生命的亲爱者,如海伦娜、弗朗西丝、弗吉尼亚,又唤醒了这最初的形象,又激起了这最早先的痛苦,即那种给这个可怜的孤儿打上永恒烙印的痛苦。在埃德加·坡的作品中,人,即是死亡。通过死亡来描写生命。景物也一样,也是由基本的梦想,由不断地再见到垂亡母亲的那种念想所确定的。而这种确定特别意味深长,因为它丝毫不符合实际情况。埃德加·坡的母亲伊丽莎白,同他的女友海伦娜,他的养母弗朗西丝,他的妻子弗吉尼亚一样,是死在床上的,在城市里死的。她们的墓地在公墓的角上,这是一座美式公墓,它同莱莉娅安葬在那里的卡马尔杜纳的浪漫式公墓无相似之处。埃德加·坡并没有像莱莉娅那样在湖边芦苇丛中找到亲爱者的躯体。然而,围绕着一位死者,对于一位死者而言,整个地方取得活力,从永久安息的意义上讲,在入睡中取得了活力;整个山谷塌陷下去,变得黑暗,具有一种不可测知的深度,以掩埋整个人类的不幸,并成为人死亡的组成部分。最终,是一种物质的本原在自身的内在深处接纳死亡,把它作为一种本质,一种被窒息的生命,一种回忆,这回忆是如此完整以至它能无意识地生存下去,而永不会超过梦想的力量。

此时,最初明亮的水,对于埃德加·坡来说是一种必将变得深暗的水,一种会吸收悲切苦难的水。任何具有活力的水都是一种必将变得迟缓、变得沉重的水。任何具有生命的水都是一种正要死去的水。可是,在富有朝气的诗歌中,万物并非它们所是,而是它们将成为的那种东西。万物在形象中变成了它们在我们遐想中、在我们无穷梦想中的那种东西。静观水,就是流逝,就是消融,就是死亡。

初看,在埃德加·坡的诗歌里,人们会相信诗人们普遍歌颂的水的多样性。特别是会发现两种水,快活的水和苦难的水。但是,回忆只有一种。沉重的水永远变不成轻盈的水,阴暗的水永不会变得明亮。这总是出现相反的情况。水的故事是正在死亡的水的人间的故事。遐想有时始于面对着清澈的水,整个水面是一片辽阔的倒影,发着叮咚的悦耳之声。遐想在忧郁而阴沉的水之中,在传来古怪而阴森的耳语的水之中告终。水边的遐想在重见逝者之中消亡,如同被淹没的天地。

III

我们详细地来探究一下这种被想象的水的生命,那种被强大的物质想象充分人格化的实体的生命;我们会看到这种生命汇合了被死亡吸引的生命、欲求死亡的生命的粗略线条。更准确地说,我们会看到水提供了被特殊死亡吸引的特殊生命的象征。

首先,作为出发点,我要指出埃德加·坡对原初的水,对于想象的水——它体现了富有创造性遐想的理想,因为这种水拥有可成为映像的绝对——的热爱。在读某些诗,读某些小说时,确是映像似比实在之物更为实在,因为它更纯洁。正如生活是梦中的一场梦,天地就是映像中的一种映像;天地是一种绝对的形象。湖泊把天穹的形象锁定时,它在自身胸怀中创造了一片天空。清新透亮的水是一片倒置的天,在这天上,星辰获得了新生命。因而,坡在水边的静观中,形成了这种奇特的双重的观念:星-岛的观念,即成为湖中之囚的液体的星,成为空中之岛的星的观念。对逝去的亲密者,坡喃喃自语:

> 远处,亲爱的人
> 喔!远去吧。
> ……
> 走向某个微笑着的孤独的湖,
> 走进它的安息的梦里,
> 走到数不胜数的星-岛上
> 像是镶饰它胸怀的宝石。
>
> ——《阿尔·阿拉夫》

现实之物何在？在天上还是在水底？在我们的梦幻里，无限在星空中与在水下同样地深。对于在想象心理学中的星-岛这一类双重形象，我们不会太在意。它们像是梦中的连接点，通过这些连接，梦更换着格调，更换着物质。在此，在这个连接点上，水连上了天。梦幻给予水以最遥远部分的、天边的含义。

在短篇小说中，这种绝对映像的构建更有教益，因为短篇小说往往要求有逼真性、逻辑性、实在性。在通往阿尔纳汉姆领地的河里："船像是被囚禁在一个奇异的圈子里，周围被不可逾越的密不透风的树墙围住，绸缎般的天顶，而无下部层面——船龙骨在一只神圣的船的龙骨上极其对称地晃着，这只神圣的船自上至下倒转过来，像是同真船在同一航线上荡游着，似在支撑着真船。"[①] 水通过映像使世界变成双重，使物变成双重的。水还使遐想者成为双重的，不仅像是一种空无的形象，而且使他进入一种新的梦幻体验中去。

事实上，一位不经心的读者可能只看到一种屡见不鲜的形象。这是因为他并没有真正地观赏到

---

① 埃德加·坡：《荒唐与真实的故事》。

映像的妙不可言的光学性。因为他不曾体验到这种自然图画,这种赋予绚丽色彩以湿润的奇特水彩画的想象功能。这样的读者又怎么可能理解那位使神圣的东西物质化的讲述者呢?他又怎么可能登上这条顷刻间潜入真船下面的船——当倒置的想象终于实现时呢?一位现实主义的读者不会把映像的景象作为梦幻之邀;他又怎么会体会到梦幻的活力和轻盈的惊人感觉呢?如果读者体会到了诗人的各种形象,如果他对自己的现实主义加以抽象化,那么他最终会切身地感到这种远行之邀,他也会很快"被一种奇特的美妙的感情所笼罩。自然这种概念仍然还在,但是已经变质,在性质上发生着奇怪的变化;这是一种神秘莫测而又庄重的对称,是一种动人的一致性,是在这些新作中的神奇的修正。看不到一根枯枝,一片落叶;没有一块乱石,没有一撮黄土。晶亮的水涌上光滑的花岗石或洁净的苔藓,总在同一条线上,让目光感到惊讶又奥妙无穷"。在此,倒影的形象服从于一成不变的理想化:海市蜃楼的幻影在改正实物;它使实物的缺陷和残败消失。水便给予世界一种柏拉图式的庄严。它还给予世界一种个人的特性,这种特性使人引发一种叔本华式的外形:在如此洁净的镜中,世界就是我的映像。逐渐地,我觉得自己就是我独自一人所见之物的创作者,是从我的视野所见到之物的作者。在《仙女岛》中,埃德加·坡认识到了独自观看映像的价值:"我颇有兴趣地静观许多清澈见底的湖泊中的天空,这种兴趣大大地增长了,因为我想到……我独自一人在静观。"①纯净的映像,孤独的映像,这就是倒映的水的双重天赋。在《斯代恩巴勒游记》中,狄克也指出了孤独的含义。

若沿着通往阿尔纳汉姆领地的那条蜿蜒曲折的河流继续向前,不久就会有柳暗花明又一村的感觉。此处正是中心池塘,倒影与实物的两重性互为平衡。应该说,用文学方式来展现这种倒置是件十分有趣的事,而欧仁尼奥·道尔斯要人们在画上杜绝这情景:"这个池塘很深,可是水却清澈见底,池底像是一些洁白的小鹅卵石子,一刹那——这意思是每当在这倒置的天空的底面,眼睛终于能不看见山峦的叠影时——变得清晰可见"(同上,第283页)。

有两种方式来读类似的文章:可根据正面的经验,以积极的精神来阅读,阅读时设法在生活中所

---

① 埃德加·坡:《新的离奇的故事》,波德莱尔译,第278页。

见识到的景致当中,回想一处我们能以叙述者的方式去体验和思考的景观。若按这样的原则,那么本文便索然无味,难以读完。但是阅读这样的文章也可设法同创造性的遐想结合在一起,深入到文学创作的幻梦中心,在无意识中同诗人的创作意愿相沟通。于是,这样恢复了它们主观功能的描写,从静态的现实主义中脱离出来,给人另一种对外界的视觉,更有甚者,给人以另一世界的视觉。听从了埃德加·坡的教诲,我们会发现物质化的遐想——这种遐想想象着物质——是一种超出形式遐想以外的东西。简而言之,我们知道物质是形式的无意识。正是整体的水本身,而不再是水面在向我们传来它的映像的持续不断的信息。唯有物质才能承担起感觉和各种感情。物质是一种感情的财富。坡是真诚坦率的,他对我们说,在这样的静观中,"对观看者所产生的印象是那种丰富的、热烈的、色彩缤纷的、安宁的、一致的、温馨的、微妙的、高雅的、令人心旷神怡的,以及一种不可思议的文化的荒诞的印象"(同前,第283页)。

在这种深入的静观中,主体也意识到了它自己的内心。这种静观因此并不是一种立即的移情(Einfühlung),一种无节制的融入。它更多地对世界,对我们自身来说是一种深入的远景。静观使我们能对外部世界保持距离。在深水面前,你选择自己的视野;你可任意地观看静止的水底或流动的水,看岸边或无尽头的天边;你可模棱两可地看或不去看;你可同船工生活在一起或同"新一代勤奋的、趣味高雅的、优美绝伦的、精巧细致的仙女们"一起生活。水中仙子是幻景的守护人,手里握着各种天上的鸟类。一滩水含着一个天地。一瞬间的梦幻内含着整个心灵。

在经历了这番梦幻之旅后,就会到达阿尔纳汉姆领地的中心地带,这时会看到那座内部城堡,它由梦幻的四位建筑师,由梦幻的基本本原的四位大师构筑而成:"城堡像是奇迹般地屹立在空气中——在金色的阳光中,它的向外伸的窗户、观景台、塔尖和塔楼在闪烁着——它像是空气精灵、仙女、神圣和地精联合起来造出的神奇之物。"但是,这一番缓缓道出的对水中的空中楼阁的颂词含意很明确,水是这样一种物质,在水中,大自然在动人的映像中准备着梦中的城堡。有时,映像的建构并不那么雄伟;此时,显现的意志却反而更让人吃惊。《兰道村舍》的小湖如此清晰地倒映出湖上面的各种东西,以致确实难以断定真岸与倒映的岸相交之处。[①] 鳟鱼及其他一些鱼类——这池塘似乎鱼产很丰富——看上去是一些真的飞鱼。几乎不可设想这些鱼不是悬在空气中的。这样,水就成为天地的一部分;水使天空布满了鱼。一种形象的共生把鸟给了深水,把鱼给了星空。那种星-岛的静态的模棱两可观念的倒置,现在又在鸟-鱼的生动的模棱两可的观念上进行。若我们尽力在想象中去树立这种模棱两可的观念,那么就会感受到一种平淡无奇的形象突然间所具有的妙不可言的双义性。在某种个别情况中,我们就会欣赏到水中奇观的可逆性。如果我们对这些产生突现变幻的游戏做一些思索,就会理解想象一定需要辩证法。对于二元化的想象来说,观念并不是通过类似而累积成的形象中心;观念是各种形象交叉的众多的点,是许多切入的、决定性的直角交叉。在交叉之后,观念便又多了一种特点:鱼在飞,鸟在游。

这种飞鱼的幻觉在谈到《马尔多罗之歌》[②]时,我已在其混沌的形式中做过一番研究,在坡的作品

---

① 同样的景象在《仙女岛》中出现,见第 279 页。
② 参见巴什拉,《洛特雷阿蒙》,José Corti 出版社,第 64 页。

中,它并不是在噩梦中产生的。这种幻觉是遐想中最温馨、最缓慢的那种遐想的赐予。会飞的鳟鱼以那种我们所熟悉的遐想的自然而然方式出现在无悲苦的小说中,在无神秘的故事里。在《兰道村舍》中有小说有故事吗?这个例子极其明确地告诉我们遐想是如何出于自然,又是如何属于自然的;告诉我们一种被详尽静观的物质是如何产生梦幻的。

许多诗人也体会到了同时在倒影和深度中被静观的水所含有的丰富寓意。譬如,在威廉·华兹华斯①的《序曲》(Prélude)中写道:"探身在缓缓而行的小舟的边上,俯视平静河水的深处,欣喜于水底种种新奇,看到无数美妙之物——水草,鱼类,花朵,洞穴,卵石,草根——还想象出其他许多东西。"②(第Ⅳ册,第 265—273 页,E.Legouis 译)俯身者还想象到其他更多的东西,因为所有这些映像和水底深处的东西都使他踏上形象之路,因为从这种水天合一中产生出既是无限的又是精确的隐喻。华兹华斯接着说:"然而他又往往感到茫然,无法把东西与影子分开,无法区分岩石与天空,区分倒映

---

① W.Wordsworth(1770—1850):英国诗人。——译注
② 《序曲》是诗人去世后发表的,全诗共 14 册,为自传体诗集。——译注

在清澈深水中的山与云,这些停居在那里,有着它们真正寓所的东西。有时他自己的形象,有时一缕阳光,有时不知从何而来的涟漪会从他眼前掠过,这些干扰更增添了他的使命的温馨。"还有比水同形象相交错更确切的说法吗？又如何使人更好地理解隐喻的力量？华兹华斯又发挥这种长段的心像来为心理的隐喻做准备,在我看来这种心理的隐喻是深度的基本隐喻。"正是这样,"他说,"正是怀着同样的不自信,我乐意久久地俯身在流逝光阴的表面上。"若无深度的各种形象,又如何可能描述过去呢？倘若不曾在深水旁做过沉思,能有充实的深度的形象吗？

接着,看到了各种倒影之后,突然间正视到水本身;我们会以为无意中发现水正在创造美;我们会察觉到水在它的容量中的美,一种内在的美,一种活跃的美。一种容量上的自我陶醉感染着物质本身。此时,人们便会竭尽全力去设想梅特林克[①]的巴洛米德与阿拉底纳的那段对话：

---

① Maeterlink(1862—1949)：比利时剧作家。1911 年获诺贝尔奖。剧本《阿拉底纳与巴洛米德》发表于 1894 年。——译注

蓝色的水中"满是静穆而奇异的花……你可见到在其他花之下那朵盛开的大花？好像那朵花的生命有节拍似的……水，那是水吗？……这水像比陆地的水更美，更纯，更蓝……

——我不敢再看它。"

心灵也同样是一种如此伟大的物质！我们不敢正视它。

IV

这就是在埃德加·坡的诗学中对水的想象的最初状况。这种状况同清澈透明的梦，同淡色柔和的梦相适应。在这位不幸的小说家的作品和生活中，这是瞬间即逝的梦。

现在我们来关注一下埃德加·坡诗学中的水的命运。我们会看到这是一种使物质深化的命运，这种命运把人类的痛苦加在水的身上，从而增添了水的实体。我们会看到容量的品质同表层的品质相对立，这容量在上帝心目中是极为重视的（《仙女岛》）。水会变得深暗。因而，它便在物质上吸收阴影。

让我们从洒满阳光的湖开始吧！看一看阴影如何突然间对湖在起作用。在仙女岛四周，全景中有一侧是明亮的。从这侧望去，水面"被一片金光灿烂的瀑布照亮，它由从西边天空的喷泉倾吐而成"（第 278 页）。"另一侧，即岛的那侧则隐没在最深的黑影中。"但是，这阴影并不是挡住天空的树木屏障造成的：它更为现实，它是由对物的想象更物质地加以实现的。"树影沉重地压在水上，像淹没在水里，用黑暗浸染着本原的深处。"（第 280 页）

从这时起，形式与色彩的诗歌让位于物质的诗歌；实体的梦开始了；一种客观的内在深处在本原中生成，以从物质上接纳梦幻者的心事。此时，夜是实体，正如水是实体一般。夜的实体将密不可分地同水的实体掺和在一起。空气的世界将把自己的阴影给予溪流。

在此，给予（donner）这动词应从其具体词意上讲，把它理解为表现在梦中的一切东西。不应满足于谈论一棵枝叶丰满的树，它在夏日给予树荫，让人安逸地午憩。在埃德加·坡的遐想中，对于一个像他那样具有活力并忠实于梦幻的通灵的梦幻者而言，植物的作用之一就是产生阴影，如同墨鱼会产生墨一样。在它生命的每时每刻，树林应助黑夜使世界变黑。每天,树产生又抛弃黑影,如它每年长出树叶又抛弃树叶一样。"我想象,每个阴影,随着太阳西下,越来越西下,含着遗憾同曾使它降生的树干分离,继之被溪水所吞没,而其他的树荫又每时每刻从树中降生,取代已亡的先者。"(第280页)只要树荫抓着树,它们就活着,树荫离开树便死亡;它们在死亡的过程中,在淹没在水中正如淹没在更黑暗的水中一样,离树而去。

这样每日给出影子——它是自身的一部分,不是同死神共处吗?死亡便是一个漫长而痛苦的故事,它并不仅仅是那致命一刻的悲剧,而是"一种忧郁的消亡"。遐想者对着溪流,想到了"把他们的存在一点一点地偿还给上帝的人,慢慢地耗尽他们的实体直至死亡,如那些把自己的影子逐渐交去的树一样。那棵树正在耗尽自身,它是归水的,水吮吸着它的影子并变得比它吞食的掠获物更黑暗,仙女的生命面对吞噬她的死神是不是也一样?"

应当顺便指出这种新的倒置,它把人的活动给了物质的本原。水不再是我们所喝的实体;这是一种会喝的实体;它把阴影当作黑色浆水吞食下去。这也并不是一种离奇的形象。在渴的种种幻象中就常会遇到这景象。这种形象给予诗歌的表达以一种特有的力量,这便是它的深刻的无意识特征的明证。正如保尔·克洛代尔惊呼:"上帝啊……可怜我身心中的这些水,它们渴得要命!"①

我们已经明白了被吸收——从这词的最强意义理解——的阴影,当我们看到埃德加·坡诗中那条沥青质河,"那条萘河",还有别处那条流动的硫黄岩渣质河,那条呈橘黄色的河流时,就不该把它们视为宇宙间的可怕怪物。我们也不该把它们当作教科书中地狱之河的或多或少的更新形象。这些形象丝毫也没有简易的文化情结的痕迹。它们源于原初形象的天地。这些形象中的水起了一种基本的心理功能:吸收阴影,为每天在我们身心中死去的一切东西提供一座坟墓。

水便这样成为一种死亡的邀请;它是一种特殊死亡的邀请,这种死亡能使我们前往本原的物质的隐身之所。在下一章,当我们对奥菲利亚情结做了思考后,就会对此理解得更透彻。从现在起,我必须连续地指出将埃德加·坡带向一种持久的自杀,即一种死亡的嗜酒症的那种诱惑。在他身心中,每个思索的时辰犹如一滴融入遗憾之水的有生命的

---

① 保尔·克洛代尔:《五大颂歌》,第65页。

泪水;时光从自然之钟一滴滴地落下来;被时间赋予生命的世界是一种哭泣的忧郁。

每日每时,不安都在杀害我们;不安,它就是落入水中的阴影。埃德加·坡随着仙女沿她的小岛漫游。起先,她笔直地站立在那只极其单薄的小舟上,用有名无实的桨划着。当美丽的晚霞仍照着她时,她的姿态露出了快活;——但是,当她进入阴影区时,不安便使她失色。她慢慢地绕着小岛悄悄地划去,又进入了光亮的区域。

"——仙女刚做的运行——我接着说,仍陷入沉思中——是她的生命的短促年华的一周期。她已度过了她的冬和夏。她接近了一年的死神;因为我清楚地看到了当她进入黑暗中时,她的阴影同她脱离,随后被深暗的水吞噬,并使黑水变得更黑。"

在他的沉思遐想中,小说家追随着仙女的整个生命,每到冬天,阴影便同她脱离,落"进黑墨般的液体"中;它被黑暗吸收了。每年,不幸变得更沉重,"更阴暗的幽灵被更黑暗的阴影淹没"。当终极来临时,当黑暗已在心灵时,当亲爱者离我们而去,当欢悦的阳光离开大地时,黑墨般的河满是阴影,负载着遗憾和无穷的后悔,开始了它缓慢而昏暗的日子。现在,它是记忆着死者的本原。

埃德加·坡在不知不觉中由于他那种非凡的梦幻力量在此体会到了赫拉克利特的直觉,即在水的变幻中见到了死。以弗所的那位赫拉克利特①设想,在睡眠中,灵魂脱离了生气勃勃和万能的火源,"会暂时地变成潮气"。在赫拉克利特看来,此时死亡便是水本身。"对于灵魂而言,死就是变成水。"(《赫拉克利特》,片断68)似乎,埃德加·坡明白一座墓碑上刻着的这个祝福:

愿奥西里斯②给你凉爽的水。③

这样,在形象的独占的世界中,我们逐渐地理解了死亡这形象对埃德加·坡心灵的控制力。我认为以这样的方式为波拿巴特夫人所论证的观点做了一点补充。正如波拿巴特夫人所发现的那样,对垂亡的母亲的回忆在埃德加·坡的作品中极其地活跃。这种回忆具有吸收力和奇特的表现力。然而,如果说如此多样的形象能同无意识的记忆如

---

① 赫拉克利特(Héraclite,约公元前540—约前480与470之间):希腊哲学家。以弗所(Éphèse):小亚细亚古都。——译注

② Osiris:古埃及神话中的阎王,审判亡灵。——译注

③ 请见 Maspéro:《神话与考古学研究》,I 卷,第336页。

此贴切地接合起来,那是因为这些形象在它们互相之间已经有一种自然的紧密性。这至少是我的看法。当然,这种严密性并不是合逻辑的。它也并不是直接符合现实。在现实中,我们看不到被水流冲走的树影。但是,物质的想象阐明了形象与遐想的这种严密性。不管波拿巴特夫人的心理调查有何价值,在表述方式的层面上,对形象本身发挥想象严密性的阐述并非无益。让我再强调一下,本专著正是致力于形象的这种更表层的心理学。

V

变富者自累赘。富有如此多映像、如此多阴影的水是沉重的水。这就是埃德加·坡的元诗学的最典型的水。这种水是各种水中最沉重的水。

我下面就举例来说明想象的水是密度最大的水。我借用《亚瑟·戈登·皮姆历险记》[①]中的例子。正如我们所知,这部作品是讲述旅行和沉船的故事。故事中充满了航海生涯中的许多技术枝节

---

① 埃德加·坡的作品,发表于 1837 年。——译注

问题。在许多章节中,叙述者醉心于基本扎实的科学思想,最终导致了过多的累人的技术观点。对精确性的重视达到如此程度,以致万分饥饿的遇难者按日程表展开他们不幸的故事。在最早先读到这本书时,我只觉得它令人生厌,虽然我在 20 岁时已是一个埃德加·坡的崇拜者,但我还是没有勇气读完这无数单调的历险故事。当我懂得了由新的心理学所完成的革命的意义时,我又旧书重读,而且首先重读了使那种被积极的、现实主义的和科学的阅读扭曲的读者感到厌烦的作品;我尤其重读了戈登·皮姆的故事,把不幸的故事置于它所在之处,置于无意识与意识交织之处。于是,我明白了,这种历险在表面上看来发生在两个海洋上,事实上,它是一种无意识的历险,那种发生在心灵的黑夜中的历险。一位注重修辞的读者可能会把这本书看作是贫乏而不完善的作品,其实相反,它是一个具有奇特一致性的梦幻的完美之作。从那时起,我又把皮姆列在埃德加·坡的重要作品之列。从这个例子中,我极其清晰地明白了新的心理学流派的整体所提供的新的阅读方式的价值。当我们以这些新的分析方法去阅读时,我们就参与到各种各样的升华之中,这些升华会接受遥远的形象并促使想象在多种方面飞跃发展。经典的文学批评阻挠这种朝不同方向的发展。在它自诩有本能的心理学知识,天生的不可学的心理学直觉时,它把文学作品归诸过时的心理体验,归诸一种不断重复的体验,封闭的体验。它却忘记了诗的功能正是给予世界一种新形式,而这世界只有当它不断地被再次想象才得以在诗歌中存在。

下面便是那令人惊奇的段落,无论哪个旅行家,哪个地理学家,哪个实践家都无法从中识辨出这种人间的水。这种奇特的水在岛上,该岛位于"纬度83度20分,西经43度5分"。该岛上所有野蛮人都喝这种水。我们会看到这水是否能解渴,是否能解——如伟大的诗篇《安娜贝尔·李》[①]中的水——"各种渴"。

"鉴于这种水的特性,"故事[②]叙述道,"我们不愿尝它,心想这水变质了;稍后不久,我们终于得知这个群岛上所有的水都是这样子。我真不知道如何才能讲清这种液体的性质,而若不赘言细说,就

[①] Annabel Lee:埃德加·坡晚年的作品。——译注
[②] 埃德加·坡:《A.戈登·皮姆历险记》,波德莱尔译,第210—211页。

无法办到。尽管这水如各种平常的水那样在坡地上急流而过,但是它却从不曾有清澈见底那种往常所见到的外观,除了在瀑布中直下之外。然而,我不得不说这水同任何一种碱性的水同样地清,只是表面上看有所不同。乍看时,尤其是斜坡不很显眼时,这水的黏稠性有点类似融在普通水中的厚厚的阿拉伯树胶。但是,这些只不过是这水的奇特性质的最不显著的地方。这水并不是无色的;它也不是某种一致的颜色,流动中,它呈现着鲜红色的各种变色,就像丝绸的闪烁和反光一样……从某个满池中汲取这水,然后又让它流回去,恢复它的水平面,这时我们发现整个液体是由一些纹理清楚的液脉构成,每条液脉都颜色各异;所有的脉络各不相扰;相对于构成液脉的细小粒子来说,这些液脉的凝聚力很强,而对于相邻的脉来说则并不强。用刀尖横切流水,这水马上就在刀尖后重新封上,当把刀尖抽出时,刀锋所留下的痕迹即刻消失,但是,倘若刀锋小心地横截两条液脉,那么液脉完全断成两截,强大的凝聚力并不会马上弥合上。这种水的景象构成了后来渐渐围绕我的奇观长链中的确定的第一环。"

波拿巴特夫人并没有遗忘引用这两页离奇的

文字。她在解决了对这位小说家起着至关重要作用的幻象问题后,书中引用了这些章节。① 她只是补充道:"这水并不难以认出就是血。液脉的想法是特意表明的,而这土地,它根本不同于至今文明人所到过的地方,在那里极目所见没有一样东西是'熟悉'的,实际上正相反,这地方是所有的人更为亲切的东西:躯体,体内的血在奶汁之前就在滋养着我们,这便是母亲的躯体,它让我们在那里待了九个月。有人会说,我的阐述单调乏味,总是回到同一个地方。这不是我的错,而是人们的无意识的错,无意识在史前就汲取了永恒的主题,然后它又在此基础上编造出种种不同的版本。在这些翻版的装饰之下,同样的主题总是再现又有什么奇怪的呢?"

我曾坚持要详细引述这种精神分析的解释。它提供了无意识中如此具有活力的有机唯物主义的范例,正如我在引言中已指出的那样。对于曾细读过波拿巴特夫人这部重要作品的人来说,先后使他母亲和他深爱过的女人丧命的咯血,对于生命而言标志着诗人的无意识。埃德加·坡自己写道:"这个词——血——这至高无上的词,词中之王,——总

---

① 玛丽·波拿巴特:《埃德加·坡》,第 418 页。

具有许多的奥秘、苦难和恐怖——在我看来它具有三重内涵!——这个含糊的音节(blood)——脱离修饰它又使它变得分明的前面一系列词——沉甸甸地、冰冷地落在我的牢房的漆黑一片中,落在我心灵的最幽深处!"(《皮姆》,第 47 页)于是,人们便解释说,对于如此明显的心理现象来说,自然界中一切沉重的、痛苦的、神秘的、流动的东西,似是一种可咒的血,如与死亡同来的血。当一种液体增值时,它近似于一种有机液体。因而总有一种血的诗学。这是一种悲剧和痛苦的诗学,因为血从不是幸福的。

然而,对于有价值的血的诗学来说也有其位置。保尔·克洛代尔给极不同于埃德加·坡的诗歌的那种有生气的血的诗学注入了活力。看下面的例子,血是一种得以增值的水:"任何一种水对于我们来说都令人渴望;不言而喻,它胜过贞洁的蓝色的海水,向我们身心中灵与肉之间的东西发出召唤,这就是载负着德性和精神的我们人类之水,幽暗的热血。"[①]

我们跟随着戈登·皮姆显然是在不为人知的

---

① 保尔·克洛代尔:《认识东方》,第 105 页。

生活的遥远之处:历险欲具有地理色彩。作者从描绘式的叙述开始,深感有必要给人以一种离奇感。因此他就得臆造;他就得在自己的无意识中发掘。为什么水,这种普遍存在的液体,它就不能获取某种奇特的性质呢?被找的水便成了臆造出的水。臆造遵循着无意识的法则,它启示着一种有机的液体。这有可能是乳汁。但是,埃德加·坡的无意识具有一种特别的标志,一种会带来不幸的标记:由血来实现水的增值。无意识在此介入进来:血,这词并没出现在这里。这词一旦说出来,那么所有的一切都会联合起来对付它:意识从逻辑上会把它当作一种荒诞无稽之谈,从体验上当作一种不可能性,从内心深处当作一种该诅咒的回忆而抑制它。离奇的水,让旅行家吃惊的水因此是一种未命名的血,是不可命名的血。这是从作者角度做的分析。从读者方面又是怎样呢?或是——这一点远非普遍化的——读者的无意识具有血的增值;因而书是能读懂的;书顺着正确方向去读还能感动人;书也能扫兴——甚至令人讨厌——这也还是有着增值的痕迹。或是这种通过血来使液体增值在读者心目中全无,因而书便失去任何意义;书便是无法理解的。在我初读这本书时,在我的"积极的"心灵时期，从中我只看到过于显露的专断。这以后，我明白了，如果这些文章无任何客观真实可言，那么它至少有主观意义。这种主观意义激起了试图找到作为作品序幕的梦幻的精神分析学家的注意力。

然而，经典的精神分析——在这种特殊的阐释中，我们一直遵循着它的教诲——似乎并不体现出整个心象。它忽略了研究在血与水之间、在不可名状之物和已命名之物之间的中间区域。正是在这种需要"许多词"来表达的中间区域，埃德加·坡的作品具有那种实际经过体验的液体的标识。并不是无意识在启示切入奇异的水的脉络中的刀子的体验。其中，应当有一种某液体的"原纤维水"的正面体验，这种液体，虽然并不成形，却具有内在结构，并且，这样的液体无止境地挑逗着物质的想象力。我因此可肯定，埃德加·坡在他童年时期曾对果冻和树胶产生过兴趣；他看到树胶在变厚时具有一种原纤维的结构，他把刀锋插进了纤维中去。他说过，我们为什么不信呢？不言而喻，他在加工树胶时想象到了血，但是正因为他加工了树胶——就像其他许多人那样——他毫不迟疑地把河流加进一部现实主义的小说里，这些河水缓缓地流着，规矩地顺着像变宽的水流那样的液脉流淌着。埃德加·坡循着积极想象的那种已阐明的法则,使有限的体验上升到宇宙的高度。在他儿时玩耍的库房里,有一些废糖蜜。这也是一种"忧郁的"物质。他想尝尝却又迟疑不决,尤其他的养父约翰·爱伦十分厉害。但他喜欢用木勺子搅拌这东西。把蛋白粉糕拉长又切开它多么好玩!日常熟悉之物的自然化学给遐想者上了第一堂课,遐想者便会毫不犹豫地写下宇宙的诗歌。载负着埃德加·坡的元诗学的水定会有一种源于非常稚气的物理的"构成因素"。我们早该指出来,然后再来审视更具人性、更悲剧的"构成因素"。

VI

倘若如我所说,水对于埃德加·坡的无意识来说是一种基本物质,那么它应主导着土。它是大地的血,它是大地的生命。正是水把整个景致带向自身的归宿。尤其是,有什么样的水,就有什么样的山谷。在埃德加·坡的诗歌里,那些最豁亮的山沟正在变得阴暗:

> 从前静悄悄的山谷在微笑着
> 那里无人居住
> ……
> 现在每个来访者都会承认
> 无声息山沟的骚动。
>
> (《动荡的山谷》)

不安的感觉或迟或早会在山谷里向我们袭来。山谷积累起了水和忧心,地下的水在掏空它,在加工它。这种潜在的命运,正是这东西使得"人们不喜欢生活在任何的坡的景致中",正如波拿巴特夫人所说:"对于阴沉的景致来说,这自然如此;有谁会住在于歇宫(Maison Usher)?但是坡的那些欢快的景致几乎也同样令人反感;它们过分温柔,过分矫饰,在那里没有一处显示出新鲜的自然。"(第322页)

为更好地说明任何一种美的忧郁,我想再次指明,在埃德加·坡的作品中,美的代价是死亡。换句话说,在坡的作品中,美是一种死因。这就是女人、山谷、水的共同的故事。美丽的溪谷,在瞬间里它显示着活力和明朗,因此它将必定成为死亡的背景,那种有典型特征的死亡的背景。在坡的作品中,山谷和水流的死亡并不是一种秋天的浪漫色彩。这种死亡并不是落叶所致。树林并没变黄。只是树叶在死亡中从浅绿色变成暗绿,变成物质的绿,变成油腻的绿,这种颜色是埃德加·坡的元诗学的基色。黑暗本身往往在坡的视野里具有这种绿色:"六翼天使的双眼看到了尘世的黑暗:这是那种淡灰绿色,大自然为美的坟墓所喜欢的颜色"(《阿尔·阿拉夫》)。因为,即使在色彩的烘托下,在坡的作品中,死亡仍置于一种特别的光照里,这是那种对生命的色彩搽脂抹粉的死亡。波拿巴特花了许多笔墨,确定了自然这一概念的精神分析含义。尤其是她指出了在坡的作品中自然的意思:"对我们每个人而言,自然只是我们原初自恋的延伸而已,这种自恋在起初依附于哺育我们呵护我们的母亲。对坡来说,由于母亲过早地成了一具尸体,确确实实地成了一位年轻漂亮女子的尸体,那么,如果坡的景物——即使是到处鲜花盛开——总有某种搽脂抹粉的尸体的味道的话,那有什么令人感到意外的呢?"(第322页)

正是在融合了过去和现在、融合了心灵和事物的这种自然中,静躺着欧贝湖,那个坡的湖。这个湖只属于内心深处的地理,主观的地理。它的位置并不在"温情的地图"上,而是在"忧郁的地图"上,在"人类不幸的地图"上。

"正是临近阴暗的欧贝湖畔,在多雾的魏尔中部地区——就是在那个地方,欧贝的潮湿的沼泽地附近,在魏尔的吸血女鬼出没的树林里。"(《尤娜路姆》,马拉美译)

在别处,在《梦幻之地》的湖里,同样的幽灵,同样的女鬼们再次出现。因此,这便是同样的湖,同样的水,同样的死亡。"湖泊满溢着孤寂的水,孤寂而死沉的水——忧伤的水,躬身的百合花般的忧伤和冰冷的雪水——在山峦中,——在灰蒙蒙的树林里——在蛤蟆、蜥蜴栖身的沼泽地——在阴沉的池塘、水滩里——那里居住着吸血女鬼——在每个最令人生疑之处——在每个最忧郁的角落里:到处,旅行者与过去的朦胧回忆相遇。"(《梦幻之地》,马拉美译)

这些水,这些湖以从整个自然界降落的宇宙之泪为养料:"幽黑的溪谷——树荫下的溪水——酷似云的树林,从四处滴下的泪使人看不清它的外形。"连太阳也向流水哭泣:"一种露水般的、催人入睡的、模糊的影响从这金色光辉中滴下来。"(《伊莱纳》,摩雷译)这确实是自天降在溪水上的不幸影响,那种占星术的影响,也就是一种细微而顽固的物质,它由阳光载负着如同一种物理和物的恶。这种影响如同炼金术一般给水带来普遍苦难的色泽,泪的色泽。它把所有这些湖泊的水,所有这些沼泽的水变为人类不安的母-水,变成忧郁的物质。这已不再是模糊的一般的感觉;这是一种物的参与。梦幻者不再梦见形象,他梦见物质。沉重的泪给世界带来了一种人的含义,人的生命,人的物质。在此,浪漫主义同奇特的唯物论结合起来了。然而,反过来,由物质想象而想象出来的唯物主义在此具有一种如此尖锐,如此痛苦的敏感性,以至于这种唯物主义能理解这位理想主义诗人的各种痛苦。

VII

我刚才汇集了许多材料以证明想象的水迫使埃德加·坡的元诗学中的整个世界来接受它的心理变化。我们现在应当直奔这种死亡的水的实质本身中去。此时,我们会懂得,水是死亡的真正的物质载体,或是用无意识的心理学中正好相反的话来说,我们会懂得,对于以水为标志的物质想象而言,在何等深刻的意义上说死亡是普天下无法避开的事。

我们提出的无意识的心理学法则在其简单的形式下显得很平常,正是这种法则的演示提出了新的心理学的教益。请看需证明的命题:静止的水使人联想到死者,因为死水是沉睡的水。

事实上,新的无意识心理学告诉我们,死者,只要当他们仍然在我们当中,那么对于我们的无意识来说,他们是一些睡着的人,他们在安息。葬礼后,对于无意识来说,他们是一些缺席者,也就是说,是一些更隐蔽的、更掩饰的、更熟睡的睡眠者。只有在我们自己睡着时做的梦比回忆更深时,死者才会苏醒过来;我们又同逝者在夜的国度里相聚在一起。有一些人去很远处睡觉,在恒河河畔,在"滨海的王国"里,在"最绿的山谷里",靠近无名的沉思的河水。但他们一直沉睡着:

> ……死者都在沉睡
> 至少要同爱神哭泣一样久。
>
> ……
>
> 要同回忆的双眼中的泪水一样久。
>
> (《伊莱纳》,摩雷译,第 218 页)

沉睡的水之湖是这种完全的睡眠,这种苏醒不

了的睡眠,这种由活着的人们之爱守护并怀着不尽回忆的睡眠的象征:

> 瞧,就像忘川!① 这湖泊
> 像似清醒地睡着一般,
> 它无论如何不想醒来;
> 迷迭香睡在墓上
> 百合躺在涟漪上
> ……
> 美在沉睡。
>
> (《伊莱纳》,摩雷译,第218页)

这些青年时代的诗句在埃德加·坡晚年的诗《睡女》中又出现了。正像无意识的演进那样,隐秘的死者睡在"神秘的月下……在包罗万象的山谷里"。"迷迭香向坟墓致敬,百合花在水波上漂着;废墟中薄雾缭绕,它蜷缩在静息中;瞧,湖泊类似忘川,它像在品尝清醒的睡眠,为了人间它不会苏醒过来。美在沉睡。"(马拉美译)在此,我们触及了埃

---

① Léthé:希腊神话中的地狱之河,亡灵饮其水便忘却过去。——译注

德加·坡的形而上悲剧的核心。他的作品和他的生命的格言在此具有了它的全部意义:

> 我的所爱只能在死神的气息
> 同美的气息相融在一起之处……

20岁时离奇的格言,经历了如此短暂的年华,这格言在同过去说话,却又指出了整个生命的深刻含义和忠贞不渝。[①]

因此,要理解坡,就应在他的诗和小说的各个时期对美、对死亡、对水做综合。形式、事件和实体的这种综合对于哲学家来说可能像有一些矫作和不可思议。然而这种综合到处都有。如果人有所爱,他就会赞赏,就会担心,就会捍卫。在遐想中,指导着形式、变化、材料的三大原因结合得如此完美,以致是不可分离的。如埃德加·坡这样深沉的遐想者,把它们会聚在同一种象征力量中。

这就是为什么水就是那种美丽的、忠实的、死

---

① 波拿巴特夫人(第28页)指出:"这些句子被坡删去,之后,马拉美也没有译出来。"这种删除不正是证明了这种提法的极其重要性吗?不正是表明坡的先见之明吗?他认为应当把他的天才的秘密隐藏起来。

亡的物质。唯有水才能保持着美而睡去；唯有水能静止地保持着倒影而死去。水在倒映着忠于伟大的回忆，忠于唯一的映像，它使各种回忆又有了生命。这样便产生了给予我们曾热爱的所有人以美的那种委派的和重复的自恋。人陶醉在过去中，对他而言任何形象都是一种回忆。

然后，当水这面镜子失去光泽时，当回忆变模糊，远离而去，消失时：

> ……当一周或两周过去后，
> 当轻微的笑声使哀叹平息时，
> 他为坟墓而恼，走向某个想起的湖
> 那里，曾经常地同友人前来
> 沐浴在纯净的本原里，
> 他用未被践踏的草
> 编织成花环戴在白皙的额头
> 这些花（啊，听它们说什么！）
> 对着掠过的夜风说，
> "啊呀！啊呀！唉！——唉！"
> 临走前他看了一眼
> 流过的清水，
> 然后，（重载着痛苦）钻进

捉摸不透的黑压压的天空。

(《伊莱纳》,摩雷译)

喔,你呀,水的幽灵,唯一的清澈的幽灵,唯一的"白皙前额"的幽灵,内心不向我隐藏任何东西的幽灵,我的河之精!愿你的睡眠,只要仍睡着,就一直是深沉的。

VIII

最终,有一种死的迹象给予埃德加·坡的诗歌中的水以一种奇特的令人难以忘怀的特性。这就是水的寂静。正如我所认为的想象在它的创造性形式中,把某种变化强加给了它所创造的东西那样,我对于寂静这主题还想指出,埃德加·坡诗歌中的水变成了静悄悄的。

坡诗中的水的欢快是如此短暂!埃德加·坡曾开口笑过吗?靠近源头,有几条快活奔腾的小溪,汇成河流便寂静无声了。河水之声很快低沉下来,渐渐地从喃喃细语变成了一片静穆。这细语之声曾给河水嘈杂的生命注入了生机,它是古怪奇特的;它像对过去的流水毫不相干似的。倘若有什么人,有什么东西在对水面诉说,那是风,是回声,是河畔的树木在倾吐衷肠,是幽灵的喘息声,它在低声地喘息。"沿着这条烂泥河床的河流两岸,有好几英里长,是一大片苍白的大睡莲花。睡莲在孤寂中相互叹息着,向天空伸着它们鬼魂般的长颈脖,摇晃着一模一样的脑袋。从睡莲中发出一阵阵模糊的喃喃声,像是一股地下暗流的声音。睡莲在相互叹息着。"①这就是在河边所听到的声音,不是水流声,而是一种叹息声,是柔软植物的叹息,是绿丛的忧伤的、被揉捏的抚摸声。再过一会儿,植物自身将不作声,然后,当忧伤撞击石头时,整个天地就会哑口无语,那种无法表达的可怕的无语。"此时,我感到恼怒,我用寂静这咒语来咒骂河和睡莲,咒骂风,树林,天空,雷,以及睡莲的叹息声。它们都遭到咒语的打击,变得鸦雀无声了。"(第 273 页)因为,在存在物内心深处诉说存在物内心的东西,那种在河水的怀中诉说的东西,正是追悔之声。必须让它们静下来,必须由咒语来回答恶;所有一切在我们身心中,在我们身心之外呻吟的东西,必须用

---

① 埃德加·坡:《新的离奇的故事》,"寂静",波德莱尔译,第 270 页。

寂静这诅咒来打击它。天地会理解一颗受伤害的心灵的指责,天地会保持沉默,不听话的溪水不再欢笑,瀑布也不再低声吟唱,河流停止了歌唱。

而你,这个遐想者,让安静重回你的身心吧!水边,聆听逝者在梦想,这便是阻止他们睡去。

再者,幸福本身会说话吗?真正的幸福在歌唱吗?在埃莱奥诺尔幸福的时代,河流已经具备了永久沉寂的庄严:"我们叫它为静河;因为在它的水流中似乎有一种让人平静的气息。在河里听不到任何喃喃之声,河水到处缓缓地流着,以致,我们常喜欢静静地凝视的河底珍珠般的砂粒一点也不动,每颗砂粒一直在它原初的老地方,永久地闪烁着光亮。"①

情侣们正是以这种静止而宁静的水作为激情的楷模:"我们曾从这水里救起了厄洛斯神②,现在我们感到爱神在我们的身心中又点燃了我们祖辈的灼热的灵魂……各种激情一起在"绚丽草坪的山

---

① 埃德加·坡:《荒唐与真实的故事》,"埃莱奥诺尔",第171页。
② Eros:希腊神话中的爱神。——译注

沟里"吹拂起令人癫狂的美好幻景"①(第173页)。因此,诗人的心灵同水的灵感如此密切相联,以至爱的火焰正从水中喷出,正是水"守护着祖辈灼热的灵魂"。当水中虚弱的厄洛斯"再次点燃"两颗短暂的心灵时,此时,水在一瞬间有话要说:从河里"渐渐地冒出喃喃声,这声音久而久之变成催人欲睡的悦耳乐声,它比风神伊奥勒的竖琴更神圣,比埃莱奥诺尔声音之外的一切都温柔"(第174页)。

但是,埃莱奥诺尔"已看到死神的手指在她胸脯上,她,似短命的生物,完全成熟后即死去"(第175页)。于是,绿被的颜色渐渐褪去,于是,深暗的紫罗兰由阿福花取代,于是"银色的、金色的鱼穿过峡口,迅速游向我们领地的下方,再也不给这条美妙的河增光添彩"。阳光和花朵消逝后,和谐随之不见。最后,在万物与声音的世界里,坡诗歌中典型的水的命运就完成了:"悦耳的音乐……逐渐变成喃喃之声,这声音又变得越来越弱,直至溪水最

---

① 草地,河水的杰作,对于一些人而言,它就足以是一个忧伤主题。在真正的心灵草地中,只生长阿福花。在那里,风遇不到欢唱的树木,而只有千篇一律的绿丛的静悄的起伏。在研究草地这主题时,我们会自问,是何种妖魔把埃德加·坡"带进了不幸的草地",即从前恩培多克勒曾去过的地方。

终又完全恢复到它原初寂静的庄严中去。"

寂静的水,深暗的水,沉睡的水,不可测的水,这些就是对死的思索的物质教材。但是这并不是赫拉克利特式死亡的教诲,那种随着流水,像流水那样,把我们带到远方的死亡。这是一种静止的死亡,在深处的死亡,始终同我们在一起,靠近我们,在我们身心中的死亡的教诲。

只要有一阵晚风,水,早已默不作声的水就还会对我们诉说……只要有一缕月光,温和的、苍白的月光,就可让幽灵又在水上漫游。

第三章
卡翁情结
奥菲利亚情结

寂静和月亮……坟墓和自然……

——茹勒·拉福格:《传奇寓意》,第 71 页

I

业余的神话研究者有时有其价值。他们在最初的理性化领域中全心全意地工作着。因而我们让他们"解释"的东西成为神秘的,因为理智阐释不了梦幻。他们也对寓言做分类并对寓言做了操之过快的系统化。但是这种迅速有其益处。它使分类变得简单了。它还表明,这种分类如此容易被接受下来,它符合实际的趋向,这些趋向在神话研究者和读者的精神中是很活跃的。正是这样,那位温

和而絮叨的圣梯纳(Saintine),即《皮西奥拉》(Picciola)和《小学生之路》的作者,写了一部《莱茵河的神话》,这部作品能给我们提供一种初步的训诫,以迅速地梳理我们的思绪。圣梯纳在将近一个世纪前就理解了对树崇敬的无比重要性。[①] 他把对死者的崇敬同对树的崇敬连在一起了。而且,圣梯纳还提出了一种我们可叫作"死神的四处故土法则"的法则,这种法则同四种基本物质想象法则有着明显的关系:

"克尔特人用各种不同的方法来处理死者的遗体。在某地方,把遗体焚化,而当地原有的树木就用来当作焚尸的柴火;在另一个地方,Todtenbaum(死者之树)用斧子掏空中心,当作逝者的棺材。这棺材被埋在土里,不然就放在河里,任凭流水把它冲带到什么地方!最后,在某些地方,还有一种方法——可怕的方法!——将躯体曝露在外,任凭猛禽吞食;展露躯体的场所正是在死者诞生时所种下的那棵树的树尖上,树尖这一回并不会因尸体重压而倒落。"圣梯纳并没提供足够的例证,又说道:"可

---

① 圣梯纳是一位讨人喜欢的哲学家。在该书第一章末尾,有这么几句话,我本人也常常思索:"再者,我这个神话研究者,我必须要证实什么吗?"

是，我们在这四种断然要把人的遗体归还给空气、水、土和火的方式中看到了什么呢？这四种葬礼，不论在何时，甚至今天依然在印度婆罗门教、佛教和琐罗亚斯德教各教派中推行。孟买的袄教信徒，就如淹没在恒河中的那些苦行僧，对此也知一二。"最后，圣梯纳说道："1560年前后，荷兰的工人在佐代尔才的冲积地发掘时，在深层挖出了好几段树木，由于石化作用而保存完好。这几段树木中都安放着人，所剩残片几乎已化石化了。显然，正是莱茵河，这条德国的恒河把它们顺流冲到此处的。"

人自出生起，就命中注定归植物，人有自己的树，死亡同生命一样必定有同样的保护作用。尸体重新被置于植物之中，安放在树木的植物怀里，或付于火；或埋入土；或在树叶丛中，在树木尖上，在空气中等着化解，这化解得到了猛禽，得到了风的无数幽灵的相助。最后还有，更为深切地，永远躺在天然的棺木中，躺在他的双重植物中，躺在吞食他的有生命的石棺里，躺在树里——在两节之中——被投入水里，顺水流去。

II

死者随流水而去,这只是对死亡的无际遐想勾画出了一笔。这一笔只联系到了可见的画,它有可能对有关死亡的思索所做的物质想象的深度具有欺骗性,好像死亡本身是一种实体,一种在新的实体中的生命。水,生命的实体,对两重性的遐想来说也是死亡的实体。为清楚地阐明"Todtenbaum",即死者之树,我们应回忆起C.G.荣格的话[1],树首先是一种母性象征;既然水也是一种母性象征,我们便可以理解在"死者之树"中各种胚芽镶合的奇特形象。当人们把死者安放在树中间,又把这树托付给水时,在某种程度上使母性力量倍增,人们双重地经历着这种掩埋的神话,用C.G.荣格的话来说,人们通过这种神话想象到"死者重新交还给母亲以求再生"。对于这类遐想而言,在水中死亡是死亡中最具母性色彩的。荣格在别处又说,"这是因为死亡的阴暗之水变为生命之水,死亡和死亡冰冷的拥抱是

---

[1] C.G.荣格:《里比多的变化和象征》,第225页。

母亲的乳头,正像大海那样,它把太阳吞没了,却又使太阳在它的深处再生……生命从不能相信死亡!"

III

在此,我脑中总萦绕着一个问题:死亡难道不是第一位航行者吗?

远在生者自身信赖流水之前,不是已有人把棺木放进大海,放入湍流了吗?在这种神话推论中,棺材并不是最后之舟。它是第一只船。死亡也非最后的旅行。它是首次旅行。对于一些深沉的遐想者来说,死亡是首次真正的旅行。

显然,这样一种海上旅行的观念马上就招来了各种实用主义的解释。人们始终设想原始人类天生机智。始终认为史前的人类智慧地解决了自身生存的问题。尤其,人们很容易认为实用性是一种明确概念,它在过去始终具有确实可靠而且即时的价值。然而,有用的知识已是一种理性化的知识了。反之,把一种原始的观念视为有用的观念,这正是堕入了理性化之中,这种理性化尤为似是而非,因为现时实用性已包含在一种非常完整的、非常同质的、非常物质的、极为封闭的实用主义体系中。呀！人并非如此理性。人发现实用同发现真一样地困难……

不管怎么说，在有关我们所关注的问题上，当我们稍深入一步思索时，似乎，航行的实用性并不是足够的明晰，以致会使史前人凿木造舟。任何一种实用性都无法为航行的巨大风险做辩解。要敢于远航，就必然有重大利益驱使。然而，真正的重大利益是空幻的利益。这是人想象出来的利益，并不是计算出来的利益。是虚构臆造的利益。海上的英雄是死亡的英雄。第一位水手是第一位曾同死者一样有勇气的活着的人。

因而，当要把活人彻底置于死亡，置于死亡的绝境时，那就把活人丢进水里。玛丽·德尔古夫人在传统古代文化理性主义的掩饰下，发现了不吉利小孩的神话含义。在多种情况下，尽力避免他们触及土地。若不然，他们就可能玷污土地，影响土地的肥沃并会传播他们的"瘟疫"。"尽可能快地把他们抛进大海或丢到河里。"[①]"一个虚弱的孩子，人们

---

① 玛丽·德尔古:《古代社会中神秘的不育和不吉利的生育》，1938年，第65页。

宁可不杀死,也不愿使他同土地接触,除了把他放在水上,放进肯定要沉没的小船里之外,还能有什么办法吗?"至于我,我主张更加强调玛丽·德尔古夫人所做的如此深刻的奇闻式解释。我们把不吉利的孩子的降生解释为一个不属于大地正常繁育的生命的降生;人们马上把他归还给他的本原,归还给最接近的死亡,归还给完全死亡的故地,即无际的大海或是咆哮的江河。只有水才能清理土地。

于是,得到的解释是,当这样的弃儿被活着丢在海滨,当他们从"水中被救起"时,他们就很容易变成奇人。他们穿越了水,也就穿越了死亡。于是他们能创造城市,拯救百姓,重造世界。①

死亡是一种旅行,而旅行是一种死亡。"动身走,这就是死一点。"死,这确实是动身走,只有顺水而行,沿着宽阔江水而下才会走好,勇敢地、明朗地走出。各条大河都通向死者之河。只有这种死亡才是神奇的。只有这种动身才是一种奇遇。

倘若,对于无意识来说,死者确是一位不在场

---

① 一种穿越的形象同这一切结合在一起。在此不仅有西方的传统。在中国的传统中也有这种例子,见逢·埃尔温·罗塞尔(V. E. Rousselle)的文章《水,作为中国人生活的神秘事件,在心理情节的文化意义中》,1935 年。

者的话,那么唯有死亡的航行者是一位可以对他做无定限想象的死者。似乎,对他的回忆总有一种前景……安息在大城市墓地的死者就十分不同了。对于他,坟墓仍是一处居住地,一处生者虔诚地前往凭吊的居住地。这样的死者并非完全地不在场。一位心灵敏感者完全清楚这一点。在华兹华斯诗中的一位小女孩说,我们家七人,五人活着,另外两人一直在墓地;在他们身边,同他们在一起,人们可前来缝衣服或纺线。

同这些在海洋上的死者相关联的有另一类冥想,一种特别的遐想。这些死者留在村里的寡妇不同于他人,她们是"白额寡妇",冥想着俄刻阿诺斯①。但是对海上英雄的赞美不也能平息呜咽之声吗?在一些修饰的词藻之后,在特里斯坦·科尔皮耶尔②的诅咒话中,难道没有真心梦想的痕迹吗?

因此,在海边告别便成为各种告别中最令人心碎的,也是最具文学色彩的。有关这种告别的诗歌采用了梦想和英雄主义的古老材料。这些古老的东西肯定在我们心灵中激起了最痛苦的回声。我

---

① Oceano:希腊神话中的大洋神,众河神之父。——译注
② T.Corbière(1845—1875):法国诗人。——译注
请见 T.科尔皮耶尔:《黄色的爱》,《结局》。

们夜间心灵的整个一侧,可从死亡的神话被设想为一种海上动身中得到解释。对于遐想者而言,这种动身和死亡之间的转化是连续的。一些遐想者认为,水是那种要我们从事从未做过的旅行的新运动。这种物化的动身把我们从土地这种本原中挖掘出来。波德莱尔的这句诗又是何等伟大,这种瞬间的形象如同直奔我们奥秘的核心:

喔,死亡,老船长,是时候了!起锚吧![1]

IV

倘若,要通过水上旅行的形象,把环绕着葬礼的各种各样累积起来的无意识的价值恢复到它们原初的层次上,那么我们就会更好地理解地狱之河的意义以及各种阴森横渡的传说故事。一些已理性化的风俗已把死者托付给坟墓或火葬,以水为标志的无意识越过坟墓,越过焚尸柴堆,梦想着顺水而流去。灵魂越过了土地,越过了火,来到了水边。

---

[1] 波德莱尔:《恶之花》,"死亡",第351页。

深刻的想象,物质的想象欲使水在死亡中也有自己参与;这种想象需要水以为死亡保留住了它的旅行的意义。由此,人们明白了,对于这样的无限的梦想而言,所有的灵魂,不管葬礼是何种情况,都应登上卡翁①之舟。若总要用理性明眸去凝视它,这将是一幅奇特的形象。相反,若我们知道问询自己的梦景,那却是一番熟悉的景象!在睡梦中曾经历过这种死亡航行的诗人是不少的:"我们见到了你上路的小径!睡眠和死亡不会使我们更久分离……听!幽灵般的湍流从远处发出的咆哮声同悦耳之声不绝的林中的沙沙微风交融在一起。"②当我们重温雪莱的梦幻时,就会懂得上路的小径是怎样逐渐变成幽灵般的湍流。

此外,倘若无意识的价值并不支持这些远离我们文明的形象,那么人们又如何可能把一种阴森的诗作同它们联系在一起呢?对这样一种虚假的合理运用的形象所表现出的执着的诗意和悲切的兴趣,能有助于我们来说明在一种文化情结中自然的梦幻与传统结合在一起了。在这方面,我们可提出

---

① 卡翁(Caron):希腊神话中在冥河上渡亡灵去冥府的神。——译注

② 雪莱:《全集》,拉布译,Ⅰ卷,第92页。

卡翁情结。卡翁情结并不非常有力;它的形象现在并不新鲜。在许多有文化教养的人那里,这种情结遭受到那种对无生机的文学的过多参照的命运。于是,它只是一种象征而已。但是它的弱点和它的失色却是有益于我们感知文化与自然总还是能够相吻合的。

首先,我们看到在自然界——也就是说在自然界的传奇——中构成了同经典形象毫不相干的卡翁的形象。运送亡灵的船的传奇便是一例,这种传奇数不胜数,在民间不断更新翻版。P. 塞比欧(Sébillot)举了这样的例子:"运送亡灵的船的传奇是我国滨海地区所闻的最早传闻之一。这个传奇肯定在罗马人征服之前就早已有了,到公元六世纪时,普洛科普①这样讲述道:'高卢的渔民和其他居民与不列颠岛隔海相望,他们负责往那里送死魂灵,为此而被免交纳贡品。深更半夜,他们听到有人来敲门;他们便起身,在岸边看到外来的船只,船上却无人,可是船似乎沉重无比,像要沉没一般,仅仅高出水面一指;这段航程只需一小时,而用他们自己的船一个夜晚的时间也极难办到。'(《哥特人

---

① Procope(五世纪末至 562 年左右):拜占庭史学家。——译注

的战争》,第Ⅰ卷,第Ⅳ章)"①

1836年,艾弥尔·苏韦斯特(E.Souvestre)重又讲述了这个故事:这足以证明这种传奇故事不断地引发起文学创作。它使我们感兴趣。这是一个能具有无数变种的重要主题。

虽然形象各有不同,别出心裁,主题的实质内容依旧,因为它具有最扎实的统一性:梦幻统一性。正如在布列塔尼的古老传说里,总有幽灵的船只,地狱之舟路过。还经常有沉船"返回",这证明在某种程度上船与死魂灵结为了一体。下面还有一种相关形象,它揭示了自身深刻的梦幻渊源:"这些船只长大得很快,不用几年时间,一艘沿海航行的小船便长成一艘庞大的双桅帆船。"这种奇异的成长在梦中见到。在水的梦幻中常常会出现;在某些梦里,水滋养着它所浸润的一切东西。该把这种形象同充实着埃德加·坡小说每一页的怪异形象做一番比较,在《瓶中找到的手稿》中:"肯定,有一个海洋,船只自己在那里会像水手有生命的躯体那样长大。"②这个海洋就是梦中水的海洋,是不再起泡沫

---

① P.塞比欧:《法兰西民俗》,第Ⅱ部,第148页。
② 埃德加·坡:《离奇的故事》,波德莱尔译,第216页。

的水的海洋。事实上,逐年膨胀起来的怪异的船是由一些生活在古老年代的老人驾驶着。让我们再次读一遍这部小说,这部极优美的小说,我们就会感受到诗歌和传奇的内渗现象。他从深深的梦中醒来时说:"有时,我觉得一些对我来说并不陌生的事物的感觉,如同闪电那样在我的头脑里掠过,而我记忆中那些漂浮的影子总是同一种对古老的外来的传奇和久远年代的回忆掺杂在一起"(第 216 页)。在我们的睡眠中,是传奇在梦想……

还有一些传奇中卡翁是暂时的角色,尤其是一些卡翁身不由主地寻找起替身来。民间的智慧告诫人们不要上陌生的船。当我们赋予这种谨慎以其神话含义时,不必担心会对它过于强调。总之,各种神秘的船只,在关于海洋的小说中数不胜数,都参与到了亡灵的船的行列中去。我们几乎可以确信,凡是利用这些船的小说家或深或浅都有着卡翁情结。

尤其是,一个普通摆渡人的作用,一旦在文学作品中有了自己的位置,便几乎必定受到卡翁这象征主义的影响。摆渡人虽然只是过了一条普通河流,他却有着冥间的象征。摆渡人是某种奥秘的守护者:

他老眼昏花

眺望着耀眼的远方

在那冰冷的天穹下,

传来了悲哀的声音。①

"倘若,追加上河流汇合处的种种罪过,爱情的浪漫奇遇,圣人、仙女和魔鬼神奇相遇,"E.苏韦斯特说,"那我们就会明白摆渡人的故事……构成被民间想象美化的这伟大诗歌最悲惨的篇章之一。"

如布列塔尼一样,远东地区也有卡翁渡船之说。保尔·克洛代尔翻译了这首动人的亡灵节的诗歌——在中国人的生活中,当第七个月再次来临时:"笛子声带领亡灵,鼓声把他们聚合在一起如同一群蜜蜂……沿着河堤,船只都准备就绪,等着夜来临。""船起航了,又拐了弯,在它宽阔的航迹中留下一溜火光:有人撒下了小烛灯。在昏浊的水面上,微光闪烁了一会儿便熄灭了。一条胳膊抓着金碎片,抓着在烟雾里燃烧的火束,触到了水的坟墓:

---

① 维尔哈伦:《幻觉之乡》,"摆渡人"。

Verhaeren(1855—1916):比利时诗人。——译注

如鱼一般的闪烁的幻光让冷冰的淹死鬼着迷。节日模仿着熄灭的生命,逝去的生命。水是火和人的墓地。在远方,当夜和海似在一起完成了死的象征主义时,梦幻者听到西斯特打击乐器发出的阴森的声音,铁鼓在浓密的阴影里发出的可怕的撞击声。"①

死亡所具有的沉重和缓慢的东西都在卡翁脸上有显露。满载亡灵的船只总是快要下沉。真是令人惊讶的景象:死神怕死,淹死鬼还怕沉船!死亡是一次永无止境的旅程,是一种充满险象的无际风光。如果说船如此沉重,那是因为亡灵是有罪过。卡翁的船总驶向地狱。并无幸福的船夫。

卡翁的船便成为同人摆脱不了的不幸关联在一起的象征物。如圣梯纳(Saintine)所说(见前注,第 303 页):"卡翁的船,当他自己逝去时,却仍在使用。请耐心一点!他会再现的。在何处?到处……从高卢人教会之初起,在圣·德尼修道院里,在达高贝尔②的墓上,可看到这位国王,或确切地说他的亡灵的形象,正乘着那只传统的船,穿越科西

---

① 保尔·克洛代尔:《认识东方》,第 35 页。
② Dagobert(604—639):法国国王。——译注

特河①;在十三世纪之末,但丁以他不容置疑的权威,再次把老卡翁作为地狱的船夫。在但丁之后,还是在这个意大利,更有甚者,在那座著名的天主教城市里,就在教皇的眼皮下,米开朗基罗……把他画到了《最后的审判》壁画里,与此同时,还画有上帝,基督,圣母及诸圣人。"圣梯纳最后称:"无卡翁,便无地狱可言。"

在我们香槟地区的农村里,虽然人们不善于冥想,却仍可发现老卡翁的痕迹。有些乡村,除了教堂,还会给卡翁付一笔小小的捐款。在葬礼前夕,逝者的亲属会去各家分送"冥钱"。

总之,普通百姓和诗人,像德拉克洛瓦②这样的画家,都在他们的梦中发现一位向导的形象,他会在"死亡中引导"我们。有生命力的神话以神话史诗的形式呈现,它是一种同十分清晰的形象相结合的很简明的神话。正因此,它不易磨灭。当诗人重新采用卡翁的形象时,他就把死亡想成一次旅行。他又一次经历了葬礼最原初的形式。

---

① Cocyte:指通往地狱的冥河之一。——译注
② Delacroix(1798—1863):法国画家。——译注

V

至此,在我们看来,水在死亡中是一种被接受的本原。现在,我们来把一些水在死中呈现为被渴望的本原的形象汇聚起来。

事实上,物质本原的召唤有时十分强烈,它可以让我们用来确定各种迥然不同的自杀的类型。似乎,物质有助于确定人的命运,或是说,把生活中的悲剧与文学作品中的悲剧结合起来的紧密联系:"人所选择的死的方式,不管在现实生活中人选择自杀,还是在想象作品中主人公自杀,事实上从来不是出自偶然,而是,在每次情况中,总是精神因素决定的"(见前书,第584页)。一种悖论由此而生,对此,我想做些解释。

从某些方面来看,可以说精神决定因素在想象作品中比现实中更加强烈,因为在现实中,幻想的手段可能欠缺。在想象作品中,目的和手段任由小说家支配。因此,在小说中,犯罪和自杀比生活中要多。戏剧,尤其是戏剧的撰写,即可称为戏剧的文学推理,便深刻地标志着小说家。不管愿意与否,小说家都在向我们披露他的内心深处,尽管在文学手法上用其中的人物来掩饰自己。他使用"现实"作为屏障则是徒劳的。正是小说家在设想这个现实,尤其是小说家在把现实贯串起来。在现实生活中,我们不可能什么都说出来,生活跳过一些环节,藏起了它的连续性。小说中所具有的东西,是所说出来的那些,小说亮出了自己的连续性,展示了自己的规定性。只有当作者的想象是十分果断的,当这种想象取得了人性的有力的规定性,那么小说才是有力量的。由于规定性在戏剧中加激并倍增,作者正是通过这种戏剧的因素使自身得以最深刻地表露。

自杀的问题在文学中是用来判断作品价值的决定性问题。虽然可用各种各样的文学手法,罪恶却难以从内在深处表露出来。罪恶同外部的境况有着太明显的关系。罪恶像一种并不总是取决于犯罪者性格的事件那样突如其来。在文学作品中,自杀正相反,像一种漫长的内在很深的命运那样酝酿着。在文学上,这是一种最有准备的、最矫作的、最完全的死亡。小说家差一点就想让整个天地都参与到他主人公的自杀中去。文学的自杀极可能给予我们死的想象。它把死的各种形象罗列出来。

在想象的领域里,死亡的四种疆土拥有自己的忠诚不渝者,渴求者。让我们来看一下水的悲切召唤吧!

水是活着的山林水泽仙女的天地,也是去世的仙女的天地。水是极其女性死亡的真正的物质。从哈姆雷特与奥菲利亚之间的第一场起,哈姆雷特——按照文学中自杀的酝酿规则——就像一位能预见命运的预言者那样,从他深深的遐想中摆脱出来,嘟哝道:"且慢!美丽的奥菲利亚!——女神,在你的祈祷中,不要忘记替我忏悔我的罪孽。"(《哈姆雷特》,第Ⅲ幕,第Ⅰ场)从此时起,奥菲利亚必将为他人的罪过而死,她该死在河里,悄悄地,无喧哗。她短暂的生命已是一位死者的生命。这个无欢乐可言的生命,除了无望的期待,除了听到哈姆雷特独白的悲伤的回声之外,还能是别的什么吗?我们来看一下在河里的奥菲利亚(第Ⅳ幕,第Ⅶ场):

> 王后
> 在小溪旁,斜生着一株杨柳,
> 它的毵毵的枝叶倒映在明镜一样的水流中;

她编了几个奇异的花环来到这里,
用的是雏菊,毛茛,荨麻和长颈兰——
正派姑娘管这种花叫作狼爪子①,
说粗话的牧人却给它起了另一个不雅的名字。
她爬上一根横垂的树枝,
想要把她的花冠挂在上面;
就在这时候,一根心怀恶意的树枝折断了,
她就连人带花一起落入呜咽的溪水里。
她的衣服四散展开,就像美人鱼一样漂在水上;
她唱起了古老谣曲,
好像不感觉到她的困境
又好像她本来就生长在水中一般。
可是不多一会儿,她的衣衫被水浸得重起来,
这可怜的人歌曲未唱完,就被拖入泥团里。

---

① 狼爪子是地瓜苗的通俗名称。其他译者逐字翻出了英文名称"死人指头",这词的男性生殖器含义是相当清楚的。

雷欧提斯

啊！太多的水淹没了你的身体，可怜的奥菲利亚！

所以我必须忍住泪水。可是人的天性如此；

尽管羞愧之心说：应让本性顺其自然。

当这泪水哭干时，我身上的妇人之仁也会熄灭……

我觉得并无必要告知在这种小说般的死亡中的事故——疯癫和自杀等情况。精神分析告诉我们要给予事故以其精神作用。玩火者自焚，玩火者欲自焚，欲焚他人。嬉恶水者自溺，欲自溺。另一方面，文学作品中的疯子却保持着足够的理性——足够的限定性——以同戏剧相结合并遵循戏剧的法则。疯子在行动之外却守着行动的一致性。奥菲利亚在我看来就是女性自杀的象征。她确实生来就是为了在水中死去的造物，如莎士比亚所说，她在水中又重新找到了"她自己的本原"。水是年轻、貌美的死亡，鲜花盛开的死亡的本原，并且，在生活和文学作品的悲剧中，水是无傲气不报复之死的本原，是虐待自杀的本原。水是只会哭诉，两眼极易"泪汪汪"的女子的深刻的、有机的象征。面对女性自杀,男人通过自己身心中所有一切女性的东西,如雷欧提斯那样,理解了这种悲凄的痛苦。当泪水枯竭时,男人又变成了男的——同时又变得"冷漠无情"。

有必要指出,像河水里的奥菲利亚的形象那样极丰富饱满的形象却毫无现实主义之意吗?莎士比亚并不一定注意到过实际的淹死女性,顺水流而下。这样的现实主义,不仅没有唤醒形象,反而有碍于诗意的发挥。如果说,读者也许从不曾见过这样一种景象,却也识辨出来并为之而感动,那是因为这景象属于原初的想象的自然界。正是那种在其往常生活中被想出来的水,这种池塘的水在自动地"奥菲利亚化",自然地由沉睡着的生灵,闲散放任的漂浮的生灵以及在悄然逝去的生灵所覆盖。此时,在死亡中,似乎溺水者漂浮着,继续在梦想着……兰波①在《狂乱》(Ⅱ)中又找到了这种形象:

> 苍白而快活地漂浮着,
> 　溺水者沉思着,往下流淌……

---

① A.Rimbaud(1854—1891):法国诗人。——译注

VI

要把奥菲利亚的遗体抬上岸来,这是枉然。正如马拉美说的,"一位从不曾淹死的奥菲利亚……灾祸之下丝毫无损的瑰宝。"几个世纪中,她出现在梦幻者和诗人面前,漂浮在水面上,她的鲜花,她的秀发散开在水波上。奥菲利亚成为最明晰的诗歌提喻法的一例。她就是漂浮的秀发,水流冲散的秀发。为了充分理解创造性细节的作用,我们暂时只说这种漂浮秀发的景象。我们会看到,仅此一景就使水的心理象征物充满活力,仅此秀发就差不多解释明白了奥菲利亚的整个情结。

无数的传奇故事中,水池边妇人们梳洗着她们金色的长发(参见前塞比欧:《法兰西民俗》,第 II 部,第 200 页)。这些妇人往往把自己的金梳子或象牙梳子遗忘在水边:"热尔河畔的美人鱼的头发又长又纤细,像丝一般,她们用金梳子梳发"(第 340 页)。"在大布里耶尔沼泽地边缘地区,可看到一位头发散乱、身穿白色长裙的女人,她从前淹死在这里。"一切都顺着水流在延伸,衣裙和长发;似乎,水流梳理着长发,让它光亮。在浅水滩的石头上,小河像有生命的长发在玩耍。

有时,水精的长发是她施展妖术的工具。贝朗热-费洛(Béranger-Féraud)讲了下卢萨斯地区的一个故事,水精坐在桥栏杆上,"梳理她的美发。一个冒失鬼向她走过去,遭到不幸,他被她的长发围了起来扔进水里"[①]。

最胡编乱诌的故事也不忘这种富有形象的细节。在罗伯尔(Robert)夫人的一则故事里,当特拉马梯纳忧心忡忡,悔恨交加投海时,她马上就被水精们抓起,给她穿上"闪着银光的海绿色薄纱裙",又为她解开长发,长发便"似水波状披散在她胸口上"[②]。一切都会在人身上漂浮,而人自身则在水上漂浮。

在想象的天地中总是如此,形象的倒置证明了形象的重要;倒置体现了形象完整而自然的性质。而只要散开的头发披散到——流淌起来——赤裸的双肩上,那么水的全部象征性就激活了。在写给安妮的那首如此简洁、如此轻盈的美妙诗中,可见

---

① L.J.B.贝朗瑞-费洛:《迷信与死后继续存在》,1896年,第Ⅱ卷,第29页。

② 罗伯尔夫人:《水精》,"道德说教",阿姆斯特丹,1788年。

到这样的一节:

> 他这样安息着,幸福地沉浸在
>
> 安妮的真实而美丽的梦中
>
> 淹没在安妮浓密的长发浴中。
>
> (埃德加·坡:《献给安妮》,马拉美译)

奥菲利亚情结的同样一种倒置在 G.邓南遮的小说《或许是,或许不是》中很显著。女仆为伊莎贝拉在镜子前梳理头发。顺便指出有一个场面的幼稚性:一个情人,感情炽烈而固执,却由一位陌生人在给她梳头。这幼稚性却有助于做情结的遐想:"她的长发似缓缓流水一样流淌着,流淌着,随着流淌的长发,她生活中无数的往事,模糊的,晦涩的,衰退的,在遗忘和回忆中流过。一下子,在这涌动之上……"由于何种奥秘女仆梳理的头发使人联想到了溪水、往事、意识呢?"为什么我做了这些?为什么我做了这些?当她在自身寻找答案时,一切正在改变面目,在分解,在流动。梳子来回梳理着浓发就如一种过去一直持续着并且还会无休止地持续的念咒。她的脸在镜底里渐渐地远去,轮廓变得模糊,然后又从镜底返回,变近了,它已不再是她的脸了。"可看到,水流就在那里湍流不止,深深的水,闪烁着,变幻着。溪水流淌着,洒着它的长发。当我们对这些形象做沉思时,就会意识到,只要在细节上确定不了自然界的真实形象,就谈不上什么想象的心理学。正是通过形象的自然的萌生,通过由物质本原力量滋养的形象萌芽,形象才会扩展和会聚起来。本原的形象丰富多产;它们会变得难以辨认;本原的形象变得难以识别只是由于它们自身的求新意志。可是一种情结是一种征兆极为鲜明的心理现象,以至只要有一点特征就足够把它整个地显露出来。通过自身的某种特殊特征而存在的一般形象的涌现力,靠其自身就足以使人理解专注于形式研究的想象心理学的部分特点。许多的想象心理学,由于其对形式问题的单方面关注,注定只能是一些观念的或概略的心理学。它们只不过是一些形象观念心理学。最终说来,文学想象只能在形象的形象领域里发挥,它应已经体现着形式,它比绘画的想象更有利于研究我们的想象需要。

　　让我再强调一下想象的这种富有活力的特点,对此我想再另写一篇专论。在我展开的这个主题方面,十分清楚,并不是长发的形式使人想起流水,而是长发的漂动。长发可能是天上天使的长发;自长发起伏浮动起,它自然而然地就带来了水波的形象。这正是发生在塞拉菲达①的天使们身上的事。"从天使的发中发出了光波,飘荡的长发激起了微颤的波状像磷光闪闪的海波。"②我们会感到,如果水的隐喻没有得以高度充实丰富,这样的形象又会显得何等贫乏苍白。

因此,有生命力的长发,诗人为之歌唱的长发,必然会启迪一种运动,一种流逝的波纹,颤动的波纹。"那种常驻的波状起伏",那种规则的圈形头发,固定住了自然的波状起伏,堵塞住了它欲激起的想象。

水边,一切都是长发:"水流的清凉气息招引来了微动的枝叶,它们的长发披散在水流上面。"(《塞拉菲达》,第 318 页)巴尔扎克歌颂着这种湿润的气氛,在这氛围中,大自然"为它的婚庆给绿色的长发添上了香气"。

有时,似乎过分哲理化的遐想会排斥情结。因此,随水流冲走的麦秆就成了我们命运无足轻重的象征。可是,如果在沉思中少一点宁静,遐想者心

---

① 巴尔扎克小说《塞拉菲达》(1835 年)中的女主人公。——译注
② 巴尔扎克:《塞拉菲达》,第 350 页。

中多一份忧伤,那么幽情即刻会再现。芦苇根边的小草不就是死者的长发吗? 莱丽雅怀着忧伤沉思着,静观着小草,低声道:"我们还不如这些枯草,漂在水上,忧愁而下垂着,犹如淹死女人的长发。"① 我们看到,奥菲利亚的形象稍遇机会就显露出来。这形象是水的遐想的一个基本形象。

徒劳无益,J.拉福格塑造出一位麻木的哈姆雷特:"奥菲利亚,这,这不是生活! 又一个奥菲利亚在我的药剂里!"

> 奥菲利亚,奥菲利亚
> 你美丽的体躯浮在池塘上
> 那是浮动的棍子
> 对着我旧时的疯狂。

如他所说,"食下无意识之果"而不无风险。在拉福格看来,哈姆雷特仍是一个奇怪的人物,他在水里打转,在水里,就是在天上。水、女人和死亡的综合形象是无法分开的。②

---

① 乔治·桑:《莱丽雅》,第122页。
② J.拉福格:《传奇寓意》,第16版,第19,24,29,55页。

在 J.拉福格塑造的形象中可见到的讽刺含义并非绝无仅有。G.德布尔达莱斯①在《弗朗兹·利斯特传》(第162页)中说,"奥菲利亚的形象,用58个节拍来描述,'讽刺地'渗透入神。"(艺术家自己把这词写在快板前头)在圣·保尔·鲁(S.P.Roux)的故事集《从我早年忧伤的女洗衣工》中,也会有相同的感受:

> 一天我的灵魂投入奥菲利亚们的水里
> 可是这是发生在诚实时代的事。
> ……
> 她额头的玉蜀黍飘荡着
> 如书签带那样,直至两页书合拢……
> ……
> 天鹅的肚悄然进入我奇奥的昏迷……
> ……
> 喔,淹死在奥菲利亚们河中的女蠢人!②

奥菲利亚的形象甚至抵御住了大诗人们善于

---

① G.de Pourtalès(1881—1941):瑞士作家。——译注
② 圣·保尔·鲁:《内在的仙境》,第67,73,74,77页。

抹去的阴森的部分。尽管奥菲利亚形象中的这种阴森部分,P.福尔特①的叙事诗又体现出了柔情:"明日,溺水的白衣人又浮上,清晨温和的汩汩声中的玫瑰。银铃声顺波而来。多么亲切的海洋。"②

水使死亡人性化,在最无声息的叹息中渗进了一些明快的声音。

有时,柔情倍增,巧妙的阴影使死亡的现实性变得淡而又淡。可是,水的喃喃之语,只需一句就足以显出奥菲利亚的深刻形象。玛莱纳公主独自在卧室里,脑中萦绕着对自己命运的预感,自语道:"喔!听它们在高声呼叫,房里的芦苇!"

Ⅶ

正如各种诗化的伟大情结一样,奥菲利亚情结也会上升到宇宙的层面。于是,这情结象征着月与波浪的结合。似乎,浮动的巨大倒影产生出一种拉长的正在逝去的整个世界的形象。正是这样,J.加

---

① P.Fort(1872—1960):法国诗人。——译注
② P.福尔特:《静斋》,1897 年 7 月。

斯凯的《那喀索斯》在薄雾笼罩的忧郁的傍晚,透过水影,收集着明亮天空中的星辰。他又为我们展示了同时上升到宇宙层次的两种形象原则的融合,宇宙的那喀索斯同宇宙的奥菲利亚的结合,这是想象的不可抗拒的激情的有力证明。"月亮对我说话。想到她话语中的柔情蜜意,我脸色变得苍白,——'把你的星束给我(在苍白天空中收集的星辰束),她对我说道,像一位情人一般。'我看见她身着紫色的宽长裙,脸全无血色,像奥菲利亚一般。她的眼睛闪烁着,发着娇嫩而兴奋的鲜花色彩。我把星束递给她。一股超自然的香气便从她身上传来。一朵云在窥视着我们……"①在这番天与水的爱恋场景中一应俱全,甚至连窥察者也不缺。

月亮,夜,星辰把它们的倒影投入水里,就如花朵一般。似乎当我们在水波中看世界时,满天星斗的世界就会漂走。水面上掠过的微光如同不可慰藉的生灵;光线自身也遭背弃,被遗忘。在阴暗中,"她已不再光彩夺目。沉甸甸的长裙落下。喔,忧伤的骨瘦如柴的奥菲利亚!她淹没在水里。像星星已消逝一般,她随水流而去了。我哭泣,向她伸

---

① J.加斯凯:见前书,第99页。

出手臂。她身子直起了一点,清瘦的头向后仰,因为她的凄切的长发顺水流淌着,她向我低声说道,那声音至今让我心痛:'你知道我是谁,我。我是你的理性,你的理性,你知道,我走了,我走了……'过了一会儿,我在水上方又快看见她的双脚,如报春花那样纯洁,那样无物质……它们消失了,一种奇特的宁静流淌在我的血液里……"(第102页)这就是把月和水结合起来并顺着水流沿着它们的故事而去的那种遐想的内心活动。这样一种遐想体现着——从这词的整个意思上讲——夜和河流的阴郁。它使倒影和阴影人性化。它经历着悲伤,痛苦。这种遐想参与进了月和云的斗争。它给予它们以战斗的意志。它赋予各种幻景、各种活动的变化的形象以意志。当安息来临时,当天上的生灵接受了流水的简单而邻近的运动时,这种离奇的遐想就把飘荡的月亮当成是被背弃女子的受折磨的体躯;遐想在受伤害的月里看到莎士比亚式的奥菲利亚。

有必要再次指出这样一种形象的特征丝毫也没有现实主义的渊源吗?它们产生于做遐想的那个人的投影。必须有一种有力的诗学文化才能重新在由水映出的月中找到奥菲利亚的形象。

当然，J.加斯凯的幻象并非独一无二的。在各式诗人的作品中都可看到这种幻象的痕迹。譬如，就拿 J.拉福格的奥菲利亚中的月亮来说："他双肘靠着窗台，凝视映照在平静的海面上的美丽的金色满月，这月光照在海上勾画出一条蜿蜒的黑丝绒般的、折断的金色液柱，它奇妙而且不知伸向何方。

"这些倒影映在阴郁的水面上……神圣的、受难的奥菲利亚就这样在水上漂浮一夜……"(《传奇寓意》，第56页)

我们也许同样可以把罗当巴克的《布鲁日，死亡城》解释为整座城市的奥菲利亚化。小说家从来不曾见到河水漂浮的女尸，他却对莎士比亚的形象感到震惊。"在秋日傍晚的孤独中，秋风扫着落叶，他感到一种前所未有的欲望，要结束自己的生命，尽快进入坟墓。好像死者躺在他的灵魂上，从老墙根给他传来话；一阵私语似从水里冒出——水来到他跟前，如来到奥菲利亚面前一样，就像莎士比亚的掘墓人讲的那样。"[①]

确实，不可能在同一个主题下集合起更加多样

---

① 乔治·罗当巴克：《布鲁日，死亡城》，Flammarion 出版社，第16页，参见《海市蜃楼》，第Ⅲ幕，热纳维也夫对梦幻者说："顺水流，我曾是你的奥菲利亚……"

的形象了。必须承认这些形象有一种统一性,而且奥菲利亚这名字在各种迥然相异的场合总是挂在嘴边,正因为这种统一性,她的名字是想象的重大法则的象征。对不幸和死亡的想象在水这种物质里拥有尤为强大而自然的物质形象。

因此,对于某些心灵而言,水确实在自身实体中把握着死亡。水让人遐想,在这种遐想中,恐惧缓缓地平静地来临。在《杜伊诺哀歌》之Ⅲ中,里尔克①似经历了水的微笑的恐惧,这恐惧带着一位忧伤的母亲的亲切微笑在微笑着。在平静的水里死去带有母性特征。宁静的恐惧"融在使有生命的萌芽变轻盈的水中"②。在此,水把具有生与死双重意义的象征物混杂在一起。水是一种充满模糊回忆和有预见性遐想的实体。

当一种遐想,当一种梦幻这样被一种实体吸收时,人的整个身心从中获得一种奇特的持久性。梦幻沉睡了。梦幻变得稳定了。它参与到了一种本原的缓慢而单调的生活中去。梦幻找到了它的本原,它就在其中融入了它的各种形象。梦幻物质化

---

① 里尔克(R.M.Rilke,1875—1926):奥地利作家,《杜伊诺哀歌》Ⅲ完成于1913—1915年期间。——译注

② 参见里尔克《杜伊诺哀歌》。

了。它"宇宙化"了。A.贝甘①指出,在卡鲁斯②看来,梦幻的真正的综合是一种深层的综合,精神的存在在这种综合中同宇宙的实在结合在一起。③ 对于某种梦幻者来说,水是死亡的宇宙。奥菲利亚化便是实体的,水是夜晚的。因此,巴拉塞尔斯④认为,月亮把一种有害于身心的影响注入水的实体中。长时间暴露在月光下的水是一种有毒的水。⑤ 这些物质的形象,在巴拉塞尔斯的思想中如此强烈,在今天的诗意遐想中仍然有活力。"月亮把斯堤克斯河⑥的河水滋味传给受它影响的人。"V.E.米什莱说。⑦

---

① A.Béguin(1901—1957):瑞士作家,被视为比较文学之父。他的著作《浪漫主义灵魂与梦》对文学批评和欧洲思想史产生过重大影响。——译注
② K.G.Carus(1789—1869):德国医生,哲学家。——译注
③ A.贝甘:《浪漫主义灵魂与梦》,José Corti 出版社,第140页。
④ 巴拉塞尔斯(Paracelse, 1493—1541):瑞士医生,炼金术士。——译注
⑤ 参见 H.B.辛特勒:《魔幻的精神生活》,1857年,第57页。
⑥ 斯堤克斯(Styx):冥河之一,河水有毒。——译注
⑦ V.E.米什莱:《呼神唤鬼巫师众生相》,1913年,第41页。

VIII

如果说有关悲惨的命运、死亡和自杀的遐想同水密切相关的话,那么也不必为水是众多心灵的最佳的忧伤本原而感到惊讶。说得更清楚一些,用于斯曼①的话来说:水是忧伤化的本原,忧伤化的水主导着罗当巴克、埃德加·坡的作品。埃德加·坡的忧伤并不来自失却的幸福,以及生活毁灭了的灼热的激情。而是直接地源于溶解的不幸。他的忧伤确实是实体的。"我的心灵,是一潭死水",他曾说过。拉马丁也深知,水在风暴中是一种受苦难的本原。他居住在日内瓦湖畔,浪花的飞沫溅打在他的窗户上,他写道:"我从不曾像独自一人在那湖畔的寂寥中度过的日日夜夜里那样聆听到湖水的窃窃私语,抱怨声,愤怒,受折磨,呻吟和扭曲之声。我本要写一首水的诗,不会简略一个音符。"②可以感到,这首诗会是一首主题悲哀的诗。他另外还写

---

① J.K.Huysmans(1848—1907):法国作家。——译注
② 拉马丁:《隐私集》,第 306 页。

道:"水是忧郁的本原。巴比伦上方的河流流淌着,哭泣着。为什么?因为水同众生一起流泪。"(第60页)当内心忧伤时,世上的水就变成泪:"我将镀金的银杯浸入沸腾的泉水中;杯里灌满了泪水。"①

当然,泪水的形象会无数次地来到脑海中用来解释水的忧伤之情。可是,这类比较是不够的,我想在结束前强调一下更为深层的原因,以显示水这实质的真正的病痛。

死亡寓于水。至此,我提及最多的是阴郁的旅程。水远逝而去,水流似时光。可是,另一种遐想占据着我们的身心,它告诉我们在整体的散失中我们存在的丧失。各种本原都有自身的消融,土有尘,火有烟。水的消融更完全。水有助于我们彻底地死去。譬如,在 C.马娄②的《浮士德》的最后一场中,浮士德的愿望就如此:"噢,我的灵魂,你变成小水滴吧,融入大海里,永远地消融。"

某些时候,这种消融的感觉触及了最坚强、最

---

① E.基内:《亚哈随鲁》(*Ahqsvérus*),第 161 页。

E.Quinet(1803—1875):法国史学家。——译注

② C.Marlowe(1564—1593):英国诗人,剧作家。该剧全名为《浮士德博士的悲伤故事》(1588 年)。——译注

乐观的心灵。正是这样,克洛代尔①曾度过这样的时光:"天只是薄雾和水的空间……""一切全已消融",以致在自身四周寻找"外形特征"全然徒劳。"地平线上,深色全已消退。各种物质会聚成一种水,犹如我脸颊上流淌的泪。"若我们切实目睹这一系列形象的话,就有了这些形象逐渐地集中并物质化的实例。首先消融的是东西,是雨中景物;特征与外形融合为一体。渐渐地整个世界会聚在水里。唯一的物质取得了一切。"一切便消融了。"

一位接受了遐想全部教益的诗人能达到何种哲理深度?若我们重读一下 P.艾吕雅的这美妙诗句,就可做出判断:

> 我曾像一艘在封闭水域行驶的船,
> 如同死者我只拥有一种本原。

封闭的水域把死亡拥抱在怀中。水使死亡成为本原。水同死者一起在它的实体中死去。水便成为实体的虚无。在无望中无法再进一步。对于某些心灵来说,水是绝望的物质。

---

① P.克洛代尔:《认识东方》,第 257—258 页。

第四章

合成的水

> 你不要只用眼来看事实,所有这一切就是你自己。
>
> ——保尔·克洛代尔:《认识东方》,第 96 页

I

物质的想象,四种本原的想象,即使这种想象偏重于某一种本原,它依然同它们相互结合的各种形象一起发挥作用。想象欲使那种受偏爱的本原浸润一切,欲使这种本原成为整个世界的实体。可是,尽管存在着这种根本的一致性,物质的想象仍欲保持宇宙的多样性。结合概念正有助于这种目的。形式的想象需要合成的观念。物质的想象需

要合成的观念。

尤其水是那种最利于阐明各种力量结合的主题。水吸收众多的实体。水吸引众多的要素。它一视同仁地吸收相反的物质,如糖与盐。它浸透着各种颜色,各种滋味,各种气味。因此,我们明白了固体在水里溶解的现象是这种原始化学的主要现象之一,而这种原始化学仍是那种常识的化学,若略带一点想象,它还是诗人的化学。

因而,爱观赏各种不同物质相结合景色的观众,当他见到互相不交融的液体时,就会十分欣喜。因为,对于物质化的遐想来说,各种液体都是水,所有流动的东西都是水,水是独一无二的液体本原。流动性正是水的基本特性。像马鲁安(Malouin)这样谨慎的化学家在十八世纪还说过:"水是最完美的液体,其他各种液体正是从水那里继承了它们的流动性。"① 这种并无证据的论断充分说明了前科学的遐想,循着自然的遐想,天真的遐想爱好做推论。譬如,孩子又如何会不欣赏油灯灯芯的奇观呢? 油在浮动! 油可又是厚重的! 它不会有助于水烧起来吗? 各种奥秘环绕着一件惊人的事情越

---

① 马鲁安:《医学化学》,1755 年,第Ⅰ卷,第 63 页。

积越多,而遐想一旦有所发展,便在各方面展开。

同样,基础物理的"四本原的细颈小玻璃瓶"如同一种特殊玩具那样被摆弄。小瓶里盛放着不可混融的四种液体,各自按密度不同而层次分明,小瓶更进一步为油灯做出了阐释。这个"四本原的细颈小玻璃瓶"可为区分前科学精神和现代精神提供一个范例,它能有助于我们在它们的原则里捕获一些劳而无益的哲学思想。对于现代精神而言,理性化能立即得以实现。现代精神懂得水是众多的液体之一。它知道每种液体由其自身的密度规定其特征。各种不可混融的液体密度的差异足以使现代精神得以解释现象。

相反,前科学精神却远离科学而奔向哲学。例如,有关四本原小瓶,法布利西尤斯[①]——这位作者我们还会多次提到他,因为他的作品是这种幻想物理学的范例,它把帕斯卡尔的实证教诲同最无聊的无稽之谈混杂在一起——在其《水的神学》中说:"这是四种不同重量、色彩迥然相异的那种东西,当我们把四种液体搅拌时,它们仍然不相混融;可是把它们倒入瓶中时……就会看到每种液体各自寻

[①] Fabricius(1564—1617):荷兰天文学家,神学家。——译注

找并各就其位。黑色,代表土,沉积在瓶底,灰色紧挨其上方,表示水;第三种液体是蓝色,随之而来,表示空气。最后是最轻的,呈红色,如火一般,占最上方。"①这一点,我们看到了,一种只会阐明流体静力学基本法则的过分富于形象的试验,为突破试验提供了一种哲学想象的理由。它显示出四本原学说的一种纯真形象。这就是试瓶中的整个古代哲学。

但是,我不想过多地谈论这些哲学的玩具,谈论这些过分富于形象的试验,正是由于这些试验,如今在我们学校中教授的伪科学文化的幼稚症才根深蒂固。我曾写了整整一本书,试图把遐想的条件同思想的条件区分开来。② 我的使命恰恰相反,我想指出梦幻如何同知识相结合,我想指出在四种基本本原之间物质想象所完成的结合工作。

---

① 法布利西尤斯:《水的神学,又名论在创造水中体现出的神的善良》,1743 年翻译出版,巴黎。这本书在十八世纪常被引用。第一个译本是无名氏译。第二个译本上是作者名。
② 《科学精神的形成》:为客观认识的精神分析做一份贡献。Vrin 出版社,1938 年。

II

有一种特征马上显示出来:这些想象的结合只是聚合两种本原,从来不曾有三种。物质的想象把水同土聚合起来;它把水同对立物火结合起来;它把土与火结合起来;它在蒸气和雾中有时看到了空气与水的结合。可是在任何一种自然形象中,从不曾有水、土和火三者的物质的结合。更不必说,任何形象都不可能接受四种本原。对于本原的想象来说,对于这种始终需要精选一种物质并为其在各种结合中保留某种特殊性的物质想象来说,这样一种堆叠将会是一种无法承受的矛盾。倘若有三种本原的结合出现的话,我们可以肯定,这只是一种人为制作的形象,是一种臆想造成的形象。真正的形象,遐想的形象是一元的或二元的形象。这种形象能在一种实体的单调乏味中作想象。如果这种形象渴求某种结合,这是一种两本原的结合。

对于这种通过物质想象实现的本原相混合的二元特性,有着一种决定性的依据:那就是这种混合始终是一种结合。事实上,一旦两种基本实体相结合,一旦它们相互交融在一起,它们就具有性化特征。在想象的范畴中,对于两种实体来讲,对立面,就是对立的性。如果混合是在两种女性物质之间发生,如水和土,那么,它们中有一种就会很容易地男性化以统治它的伙伴。只有在这种条件下,结合才是牢固的和持久的,只有在这种条件下,想象的结合才是一种实在的形象。在物质想象的领域里,一切结合全是联姻,没有什么三者联姻之事。

现在,我们来研究水介入其中的本原的几种混合,作为想象本原的结合实例。我逐个地研究水和火的——水和夜的——结合,以及水和土的结合,因为在这后一种结合中,形式和物质的双重遐想为我启迪了具有创造性想象的最有力的主题。尤其是,通过水和土的混合,我们能理解物质因的心理学原理。

Ⅲ

在水和火的结合方面,我想少说一些。在《火的精神分析》中我们已经遇到了这问题。书中,我特别研究了由酒精所启迪的形象,酒精当它布满火苗时似乎接受了一种同它本身实体相反的现象。节日之夜，当酒精燃起时，物质就像疯了一般，女性的水像是丧失了一切廉耻，它变得狂乱，献身给它的主子——火。一些人环绕着这种特别景象会聚起多种多样的感想，自相矛盾的情感，而一种真正的情结也会在这种象征物之下形成，对此完全不必感到惊讶。我们把这情结称为霍夫曼①情结，因为我们看到潘趣酒的象征在这位虚幻作家的作品中十分活跃。这个情结有时解释了一些无理性的信仰，这些信仰却正证明了这种象征在无意识中的重要性。因而，法布利西尤斯毫无疑虑地说，长时间存下的水变为"一种含酒精的液体，它比其他的水更轻，几乎可以点燃，就像烧酒一样"②。对那些嘲笑窖藏极品好水的人，那些笑话像好酒一样进入柏格森的绵延的水的人，应告诉他们法布利西尤斯是一位写了《水的神学》敬献给造物主的十分严肃的哲学家。

事实上，在一些有经验的化学家的作品中，在十八世纪化学趋向于把实体个体化时，它并不抹杀

---

① Hoffmann(1776—1822)：德国作家，作品富于想象，自视为怪诞。见巴什拉《火的精神分析》，三联版，1992年。——译注

② 《特雷武的文学回忆录》，1730年，第417页。

基本物质的特殊性。乔弗瓦①为解释温泉发出一股硫黄和沥青味,他并不直接地引述硫黄和沥青实体,而是指出这是"火的物质和产物"。这样,温泉首先被想象为水和火的直接组合成分。

不言而喻,在诗人的作品中,这种结合的直接性更具有决定意义;突至的隐喻,惊人的大胆,耀眼的美,都证实了原初形象的力量。譬如,在一篇"哲理性"的论文中,巴尔扎克不做任何说明,没有任何事先的铺垫,就像是一种无需任何评论就可以揭示的显眼的真理,称:"水是被烧着的躯体。"这就是冈巴拉最后的话。它可以列入"完美话语"的行列,如L.P.法尔格②所说,"置于最伟大生命体验的制高点上"③。对于这样的想象来说,孤单的水,纯净的水,只是熄灭的潘趣酒,是寡妇,是一种受损伤的实体。必须要有一种灼烈的形象重新使它有活力,使火焰重新在它的水面上舞动,以致我们可以像戴勒德伊④说的:"你的形象燃烧着狭窄运河的水。"(《霍

---

① Geoffroy(1685—1752):法国化学家,植物学家。——译注
乔弗瓦:《论医学物质》,巴黎,1743 年,第 Ⅰ 卷,第 91 页。
② L.P.Fargue(1876—1947):法国诗人。——译注
③ L.P.法尔格:《灯下》,1929 年,第 46 页。
④ J.Delteuil(1894—1978):法国作家。——译注

乱》,第 42 页)诺瓦利斯①的这句妙语也是同一性质的:"水是被弄湿的火焰。"哈盖特(Hackett)在他关于兰波的高论中指出了兰波的心理现象中深刻的水的烙印:"在《地狱一季》②中,诗人似要火烧干这个他曾不断受其萦绕的、挥之不去的水……水以及与之相关联的一切体验在抵抗着火的攻势,而当兰波恳求着火时,他同时也在召唤水。这两种本原紧密结合在这句惊人的话语中,'我索求着!我索求着!一叉柴草,一滴火'。"③

在这火滴中,在这弄湿的火苗中,在这被点燃的水中,如何会看不见把两种物质浓缩在一起的那种想象的双重萌芽呢?在这样的物质想象面前,形式的想象又显得何等苍白无力!

不用说,像在欢快的油灯里燃着的烧酒那样的特殊形象,倘若没有一种更为深刻、更为古老的遐想,没有触及物质想象根本的遐想的话,就不可能将想象引入这样一种形象的飞跃。这种本质的遐

---

① Novalis(1772—1801):德国作家,浪漫派诗人。——译注
② 兰波写于 1873 年,是他的自传性作品。——译注
③ C.A.哈盖特:《兰波的抒情》,1938 年,第 112 页。哈盖特特别在第 111 页上做了一番有关人的精神分析的解释,人被称为"洪水之子"。

想,正是对立物的结合。水使火熄灭,女人熄灭热情。在物质领域里,没有什么东西比水与火更为对立的了。水与火也许是造成唯一真正实质性的那种矛盾。如果在逻辑上一者呼唤另一者,那么在性方面,一者渴求另一者。怎能设想还有比水与火更伟大的传种者呢!

在《梨俱吠陀》①中,有一些圣歌,阿耆尼(Agni)是水之子:"阿耆尼是水的亲属,就如姐妹兄弟一般亲切……他在水中像天鹅一样呼吸;黎明时醒来,他招呼着人们一日生计开始了;他如体细胞一样是个创造者;他生于水中,他在水中像蜷着四肢躺着的动物,他扩大着,他的光芒照射四方。"②

"当他藏身在水中时,有谁能识辨出他?他曾是新生儿,靠着供物滋养,他造就了自己的母亲;他是丰富的水的种子,他出自大洋。"

"光辉灿烂的阿耆尼露显在水中,他成长,他矗立在摇曳的火焰之上,散发着他的辉煌;当光芒四射的阿耆尼要降生时,天地为之惊恐……"

"在星空中,他与水相结合,他的外形美妙而光

---

① *Rig-Véda*:印度最古老的宗教文献和文学作品之一。——译注
② 由 P.圣梯夫引述,见《在法国和法属殖民地的有关水的民俗故事》,Nourry 出版社,1934 年,第 54—55 页。

彩夺目;万物之根基,这位智者横扫雨水之源。"

太阳,从海中升起的火一般星辰的形象,在此是那种至高无上的客观形象。太阳就是红天鹅。可是想象不断地从宏观到微观。它交替着把小投向大,把大投向小。若太阳是大海荣耀的夫君,那么在洒酒祭神的范围中,水就该"把自己献给"火,火就应该"娶"水。火生出它的母亲,炼金术士虽不知《梨俱吠陀》,却充分使用了这种方程。这是物质想象的首要形象。

歌德也同样迅捷地完成了从"微观"遐想到宇宙遐想的过程。首先是某种东西在"可亲的潮湿"中发光,在"孕育生命的潮湿"中发光。接着,这从水中冒出的火"围绕着大贝壳……围绕着该拉忒亚①燃烧起来。它像在爱欲的冲动下强烈地、优美地、柔情地燃烧着"。最后,"它熊熊大火,光芒四射,并光照四方";而美人鱼又合唱起:"是什么美妙的火焰照亮着闪闪发光的相互撞击的波涛?这东西光芒万丈,灿烂辉煌!矿体在夜间的采石场里燃烧,周围,一切都流淌着火。爱就这样主宰着,这是万物之本原!荣耀属于大海!荣耀归于圣火围绕

---

① Galatée:希腊神话中的海中女神。——译注

的海浪！荣耀归于浪波！荣耀归于火！荣耀归于离奇的遭遇！"①这不是两种本原结合的祝婚词吗？

最严肃的哲学家面对水与火的神秘结合都会失去理性。在化学家布朗特(Brandt)——他发现了磷，这种火中之怪，因为它保存在水下——举行的招待会上，莱布尼茨②写了拉丁文诗句。各种神话传说都被采用来欢呼这种奇迹：普罗米修斯窃火，美狄亚③的婚服，摩西发光的脸，耶利米④藏起的火，供奉女灶神的贞女，基地灯火，战斗，埃及和波斯。"这种性质不明之火，由一位新的伏尔甘⑤点燃了它，水把它保存起来，并阻止它回到火——它的本土——的领地，它埋在水下，隐藏起它的存在，又从这墓里出来光彩夺目，那种不朽生灵的形象……"

民间传说证实了这些充满智慧的神话。传说中，水与火的结合并不少见。即使形象粗糙，却仍不难让人看出性特征。在传说中，有许多喷泉产生

---

① 歌德：《浮士德》第二部，译本第374—375页，波尔沙译。
② G.W.Leibniz(1646—1716)：德国哲学家，科学家。——译注
③ 美狄亚：希腊神话中人物。她精通巫术，帮助伊阿宋取得金羊毛，并与他成婚。后来伊阿宋另有所爱，美狄亚送婚袍，新娘穿上后被烧死。——译注
④ 耶利米：旧约中四大先知之一。——译注
⑤ 伏尔甘：罗马神话中的火神。——译注

于遭雷劈闪电打击的土地。泉水往往从"闪电打击"中流出。有时则反之,闪电从狂滔翻滚的湖中发出。德沙姆(Decharme)自问,波塞冬的三叉戟是否就是"天上神灵的带着三尖头的闪电被移植到了海王手上"①?

在后面的章节中,我会谈到想象的水的女性特征。在此,我只想指出水与火共有的化学的婚姻特征。同火的男性相比,水的女性特征是不容置疑的。水不可能男性化。巴肖芬②花很多的笔墨来说明,想象把创世设想为水与火这双重伟力的内在结合。巴肖芬证明这种结合并不是瞬间即逝的。它是持续创造的条件。当想象设想着水与火的持久结合时,它就形成一种奇特伟力的混合物质形象。这就是湿热的物质形象。对于众多的宇宙起源论遐想来说,湿热正是那种基本原理。正是湿热给无生气的大地以活力,并使众生灵从大地上产生。并且,巴肖芬指出,巴克科斯③被说成是潮湿之主子: "als Herr aller Feuchtigkeit."

---

① 德沙姆:《古希腊神话》,第 302 页。
② J.J.Bachoffen(1815—1887):瑞士哲学家,史学家。
本文引自他的《论古代坟墓的象征》,第 54 页。
③ 罗马神话中的酒神。——译注

我们很容易验证,这种湿热的设想在许多人的头脑里占有古怪的特殊地位。由于这种湿热,创造缓慢而稳健地进行。时光载录在文火加热的物质里。我们弄不清是何物在起作用:是火,是水,还是时间?这三重不确定性使人们可以对一切作答。当一位哲学家热衷于把湿热作为他的宇宙起源论基础时,他又树立起深刻的信念,以至任何客观的验证都无法困扰他。事实上,在此,在行动中我们可看到那种我们已陈述过的心理原则:双重性是不确定增值的最好的基础。湿热的概念是那种不可置信的伟力的双重性产生的机遇。这不仅仅是那种对于表面的多变品质起作用的双重性。这里所涉及的就是物质。湿热,就是变得具有双重性的物质,也就是物质化的双重性。

Ⅳ

当我要对水与夜的结合发表几点看法时,似乎违背我关于物质想象的总的观点。事实上,夜似是普遍现象,可以把它当作整个自然界必须接受的无比巨大的存在,可它却在任何方面都并不触及物质实体。如果夜被人格化,那么它是一位任何东西都抗拒不了的女神,这位女神包容一切,隐藏一切;它是一位帷幕女神。

然而,物质的遐想是如此自然、如此不可抗拒的遐想,以致想象一般地接受积极的夜晚、深邃的夜晚、潜进的夜晚,进入各种事物中去的夜晚的梦幻。此时,夜不再是一位裹装起来的女神,她也不再是帷幕,遮挡着大地和大海;夜是夜色,夜是一种实体,夜是夜间的物质。夜被物质的想象所把握。正像水是那种最佳的用来混合的实体,夜会深入水里,夜使湖泊失去光泽,夜会浸润池塘。

有时,夜的进入是如此地深,如此地内在,以至对想象来说,池塘在大白天仍保留一些夜间物质,一些实体性的黑暗。池塘变得"斯廷法罗斯"①化了。它变成黑沼泽,那里栖息着怪鸟,即"阿瑞斯②的弟子们,他们发射如箭一般的羽毛,吞噬、糟蹋大地的果实,他们食人肉"③。这种斯廷法罗斯化并不

---

① 古希腊湖名(Stymphale),神话中说湖畔有长着铁翅、铁喙和铁爪的怪鸟,专食人肉。希腊英雄赫拉克勒斯将它们驱赶走。——译注
② 希腊神话中的战神,即罗马神话中的玛斯(Mars)。——译注
③ 德沙姆:见前注,第 487 页。

是一种无用徒劳的隐喻。它同郁伤的想象的特殊特征相一致。不用说,通过阴暗的景象,可以部分地解释斯廷法罗斯化的景观。为表现遭掳劫的池塘的景象,而堆积起种种夜间感受,这并不只是一种偶然之举。得承认,这些夜间感受具有一种聚合、扩散、严重化的适合方式。得承认,水给予这些感受一个能在其中会合的中心,给它们一种能在其中更久地存在的物质。在许多故事中,邪恶之地在它们的中心都有一个阴暗而可怕的湖。

在好几位诗人的作品中也出现了把夜拥抱在怀里的想象的海。这就是黑暗的海,古代的航行家在这里凝聚了他们的恐惧而不是经验。埃德加·坡曾探索过这黑暗的海。往往是,风暴中阴暗的天空使海面变得铁青发黑色。在海上起风暴时,在埃德加·坡的视野中,总是出现同一种"铜色"的奇特色彩。可是,同那种通过屏幕背景来说明阴影的简单的理性化相比,在想象的领域里,一种直接的实体的解释十分明显。荒凉之感是如此巨大,如此深切,如此内在,以至水本身变成"墨色"。在这可怖的风暴中,似乎一条可怕的墨鱼排污,在抽搐中为整个深海提供了养料。这个"黑暗的海"是一幅比人的想象所设想的更为荒凉的全景图。① 这样,奇特的现实呈现为一种超过想象的东西——这种有趣的倒置值得哲学家思考:超过想象之物,您就会有一种足以震撼您心灵和精神的现实。瞧,那悬崖"黑得可怕,悬空而立",瞧,那可怖的夜,碾碎着大洋。风暴钻进了浪里,它也是一种动荡的实体,一种抓住了内在深处的内部运动,这是"一种短促的、活跃的、从各方发出的烦心的啪啪声"。倘若思索一下,就会发现这样一种内在的运动并不是由客观体验所提供的。如哲学家所说,是在内省中感受到的。同夜混杂在一起的水是一种不愿睡去的旧时的悔恨……

夜,在池塘边给人一种特别的恐怖,一种穿透遐想者,令他打冷颤的潮湿的恐惧。只有夜会给人一种较少形体的恐惧。只有水会给人一种更明确的挥之不去的萦绕。夜里的水给人一种有穿透力的恐惧。埃德加·坡作品里的湖泊中有一个,在日光下很"可爱",可在夜幕降临时就会令人产生阵阵恐怖:

"当夜幕笼罩着大地及一切生灵时,当神秘的

---

① 埃德加·坡:《离奇的故事》,波德莱尔译,第223页。

风开始窃窃私语时,——此时——喔!此时,我总是从这个孤寂的湖的恐怖中醒来。"(马拉美译,第118页)

天亮时,幽灵仍在湖面游荡。稀疏的薄雾散去时,幽灵便离去……逐渐,水害怕起来。幽灵消逝了,远走了。反之,夜临时,水中幽灵密集起来,聚合起来。人的内心恐惧在增加。水的幽灵靠夜和水在滋养自己。

如果说夜里在水边的恐惧是特殊的恐惧,那是因为这是一种具有一定领域的恐惧。它十分不同于在洞穴里,在树林里的那种恐惧。它没那么近,没有那么密,没有那么固定,却更为流动。水上的阴影比陆上的阴影更为活动。让我们更多地说一下这些活动和变化吧。夜的洗衣妇在薄雾中待在水边,正是在上半夜里,她们拽下了受害者。我想要不时重提的正是这种想象法则的特殊情况:想象是一种变化。除了不可想象的,因而也是难以讲述的对恐惧的反应之外,惊恐只有当它是一种明显的变化的情况下才可能在文学作品中得以传播。只有夜才会给幽灵带来变化。在这些幽灵中,唯有上岗的才是有侵犯性的。①

倘若我们把这些幽灵都视为是幻觉的话,那就不会对它们有恰当的评判。幽灵贴近着我们。克洛代尔说:"夜使我们失去了证据,我们不清楚自己身在何处……我们的视野不再是以可见之物为界,而是把不可见之物作为漆黑一片的、贴身的、冷漠的、密集的黑牢。"水边,夜激起阵阵凉气。在流连忘返的旅行者的肌肤上,由水而起的战栗在流动;空气中有一种黏稠的东西。无处不在的夜,永不睡眠的夜,它唤醒沉睡的池水。突然间,会感到看不见的可怕幽灵的出现。贝朗瑞·费洛讲,在阿登省有一种水晶怪,"名叫奥尤·德道皮,外形似从未见过的丑兽"。从未见过的丑陋外形是怎样的?这是闭上双眼所见到的生灵,是无法说清时所讲到的生灵。喉咙紧锁,面容抽搐,显出一种难言的恐惧。某种像水一样的冷的东西印在脸上。夜间,妖魔是一个笑面水母。

可是,内心并不总是惶惶不安的。有时,水与夜凝聚起它们的温柔。勒内·沙尔②曾体会到夜物

---

① 参见乔治·桑:《乡间印象》,第248—249页。
② R.Char(1907—1988):法国诗人。——译注

质的滋味,他写道:"夜的蜜慢慢地耗尽。"对自身保持平静的心灵来说,似乎水与夜在一起有一股香味;似乎潮湿的阴影有一股双重清爽的香味。只有在夜里才能闻到水的香味。太阳味太浓,以至阳光下的水闻不到味。

一位善于用形象来滋养自身的诗人,也会体会到水边的夜的味道。保尔·克洛代尔在《认识东方》中写道:"夜是如此宁静,以至我觉得它是咸的"(第110页)。夜像是一种更轻的水,有时它紧裹着我们,使我们双唇变得清凉。通过我们身心里的水的成分,我们吸收着夜。对于一种十分生动的物质想象来说,对于一种善于把握物质内在深处的想象来说,自然界的重要实体:水,夜,阳光下的空气,已是"高品位"的实体。它们无需五花八门的香料。

V

水与土的结合造成泥团。泥团便是唯物主义的基本脉络之一。哲学忽略了对此做研究,这让我觉得不可思议。事实上,在我看来,泥团是切实内在深处的唯物主义的脉络,外形已被排除,消失,化解。因此,泥团提出了在初浅形式下的唯物主义问题,因为它使我们的直觉摆脱了对形式的关注。形式问题就成为第二层次的问题。泥团造成了物质的初步体验。

在泥团中,水的作用是不言而喻的。当揉捏继续下去时,工匠可能会考虑到土、面粉、石膏的特性,可是刚开始时,工匠首先想到了水。水是匠人的第一助手。正是由水的活动开始了揉捏匠人的最初的想象。因此,完全不必感到惊讶,水是在一种积极的双重性中被想象的。若无双重性便无遐想,若无遐想便无双重性。而水从其软化作用和黏合作用两方面被想象。水化解又黏着。

首次的作用是明显的。水,正像在旧时的化学书籍中所说的那样,"调和其他元素"。水消除干旱——火的作品——的同时,战胜了火;水对火实施颇有耐心的报复;水平息了火;在我们身心中,它退烧。水胜于锤子,它荡涤大地,软化实体。

接着,捏团的活儿继续下去。当水确实地进入到被碾碎的土中,当粉吸收了水,当水吃下了粉时,便开始了"联系"的体验,即"联系"的漫长之梦。

这种实质上的黏着力,通过内在深处的连接的共同性,工匠在想象自己的工作时把它归于土,有时归于水。事实上,在众多的无意识者心目中,水之可爱在于它的黏滑性。黏滑的体验同许多有机形象联在一起;这些形象在工匠长时期耐心的揉捏过程中始终萦绕着他。

正是这样,米什莱①在我看来是这种先验的信徒,是这种以无意识遐想为基础的化学的信徒。他认为,"海水,即使是最纯的海水,从深海中汲取的、不掺任何杂物的海水,是略带黏滑性的……化学分析解释不了这种特性。其中,有一种有机实体,化学分析只有在摧毁它时,在使它失去特殊的东西并使它强行恢复到一般元素时才能触及它"②。于是,他自然而然地找到黏液这词来完成这种由黏滑性和黏液参与其中的混杂的想象:"海的黏液为何物?是水一般所显示的黏滑性吗?是不是生命的普遍本原?"

有时,黏滑性也是梦幻疲乏的痕迹;它阻止梦的进展。于是,我们就经历着在黏滑环境中的黏糊糊的梦。千变万化的梦中充满着圆形的东西,缓缓而行的东西。这些软绵绵的梦,如果能对它做系统

---

① 米什莱(Jules Michelet)(1798—1874):法国历史学家,小说家。——译注

② 米什莱:《海》,第111页。

研究的话,会使我们了解到介晶的想象,也就是那种介于形式想象和物质想象之间的中间想象。介晶梦幻中的东西难以成形,随即消失,像泥团一般塌下。与黏糊糊的、软绵的、懒散的、有时磷光闪烁的东西相对应的,是梦中最浓密的本体的密度。在那些我们梦到黏土的梦里,创造、形成、变形、塑造的努力,有时奋力挣扎,有时则遭受挫败。如雨果所说:"一切都变形,甚至无形也变形。"(《海上劳工》)

眼睛自身,那纯粹的目光,看着固体的东西也疲乏。眼睛愿梦见变形的东西。要使目光确实接受梦中自由,一切就在富有活力的直觉中流逝。S.达利①的《软钟表》拉得长长的:在桌端淌水。钟表生活在黏的时空中。钟表像漏壶一样,它使在畸形怪物诱惑下的东西"流动"。如果我们思考过《征服非理性》,那么就会明白这种绘画的赫拉克勒斯主义是从属于一种极其真诚的遐想。如此深刻的变形必须要把变形录入实体中。如 S.达利所说,《软钟表》是肉,是《奶酪》②。这些变形往往被误解,

---

① S.Dali(1904—1989):西班牙画家,作家。——译注
② 参见 S.达利:《征服非理性》,第 25 页。

因为人们从静止的眼光来观看它们。一些稳定的批评家把变形视为丧失理智之举。他们并不曾体会到变形的深刻的梦幻力量,他们也不曾有过对高黏滑性的想象,而这种想象有时会使一眨眼的工夫具有无比漫长之感。

在前科学精神中,会发现同样的想象的众多痕迹。因而,法布利西尤斯认为,纯水已是一种胶,它包含着一种实体,对于无意识而言,这种实体负责在泥团中起到实际的联系作用:"水具有一种黏滑的、黏糊糊的物质,这使它容易附着于木,同铁及其他坚硬物体。"(同前,第30页)

不仅是一位无名声的如法布利西尤斯的科学家有这样的唯物主义直觉的想法。在博哈佛[①]的化学中也有同样的说法。他在《化学元素》中写道:"甚至石头,砖头,化为粉末状再置于火的作用下……总会产生一点水;甚至这些东西在它们的渊源中也有部分是由于水,水如胶一样,把它们各部分黏结起来。"(译本,第Ⅱ卷,第562页)换句话说,水是万能胶。

[①] Boerhaave(1668—1738):荷兰哲学家,医生,博物学家。——译注

倘若仅满足于视觉的观察，那么这种水附着于物质就没有完全被理解。应当在视觉的观察上再加上触觉的观察。有意义的是关注这种增添到视觉观察中去的触觉体验的行为——不管它有多么不显眼。这样就会矫正工匠的理论，这种理论过分迅速地确定了劳作者和几何学家之间、行为与视觉之间的配合一致。

因此，我主张把最遥远的遐想和最坚韧的劳动同时纳入匠人的心理学中去。手也有自己的梦，手有自己的设想假定。手帮助我们了解物质的内在深处。它因此有助于对物质的想象。产生于匠人劳动的"幼稚化学"的假设至少同"自然的几何学"思想具有同等的心理学重要性。甚至，由于这些假设事先更内在地对一些物质做出判断，它就给遐想以更大的深度。在揉捏中，产生出更多的几何，更多的棱角，更多的断裂。这是一种持续的梦。这是一项可以闭目而作的劳动。因此，是一个内在深处的遐想。然后，这种劳动是有节拍的，沉重的节拍，一种带动全身的节拍。因此，这种劳动是同生命相关的。它具有绵延的显著特征：节拍。

这种源于泥团劳作的遐想也必定会同特殊强有力的意志保持一致，同深入到实体中去，同触摸实体内部,认识种子内部,深层次地战胜土,如水战胜土一般,同重新找到一种原初的力量,并参与到一种溶解力中去的雄性的快活保持一致。于是,那种黏合行动开始了,而揉捏动作缓慢但有条不紊地进行着,给人一种特殊的快活,它不像化解的快活那样邪乎;手直接地感受到了土与水相结合的渐进的成果。另一种时间期限记录在物质之中。这是一种平稳的、无冲动的、无准确收尾的时间期限。这种期限因此并未构成。它并没有在加工固体材料时所见到的相继生成的毛坯的各种各样的临时祭坛。这种期限是一种实体的变化,一种由内部发生的变化。它也能提供一种内部深处期限的客观范例。这是一种贫乏的、简朴的和粗陋的期限,必须要用勤劳才能追随的期限。这是一种逆向的遗传期限,终究是一种在上升的、在产出的期限。确实是一种勤奋的期限。真正的劳动者是把"手放入泥团"中的人们。他们具有行动的意志,手工劳作的意志。这种极为特别的意志在手的揉捏中可以看出来。碾碎黑茶子和葡萄的人才会理解对苏摩①的赞颂:"十指在池中为骏马梳刷。"(《吠陀的赞词

---

① 苏摩是婆罗门教中的酒神名。——译注

和祈祷》，L.勒奴译，第44页）如果说菩萨有百条胳膊，那是因为菩萨是个揉捏者。

泥团造就了有力的手，这双手产生了柏格森的匠人的几何手。这双手是有力量的器官而不是形式的器官。有的力象征着对力的想象。

当我们对各种揉捏的行为做思考时，就会更好地理解物质因，就会看到各式各样的物质因。塑造行动通过形式的归属而得到很好的分析。物质的效果同样也没有在对塑造行动的抵抗中得到明确显示。各种揉捏的工作走向一种真正积极的、真正发挥作用的物质因的观念。这正是投射思想的一种特例，它把人的各种思维、行为、遐想传递给了物，把工人的各种思维、行为、遐想传递给了作品。柏格森的匠人理论只考虑那种明晰思维的投射。这种理论忽略了梦幻投射。切、削的行为并不会给物质以较为深切的教益。在这些行为中，投射只停留在外表，呈几何形。物质甚至不能在其中起到各种行为的载体的作用。它只是行为残留物，只是砍削未切除的东西。雕刻家在大理石跟前是一位形式因的小心翼翼的侍候者。他通过消除无形而取得外形。塑造家在泥团跟前通过扭曲，通过对不定形物的想象而造成了外形。塑造家是最贴近内心想象、贴近浮想的。

有必要指出这种简化了的双连版不会使人认为我在把形式教诲和物质教诲分开吧？真正的天才把二者结合在一起。我曾在《火的精神分析》中提到一些直觉，表明罗丹也善于对物质做想象。

现在，还会对孩子们对捏泥团的热情感到惊讶吗？波拿巴特夫人曾提到了一种类似体验的精神分析的意义。对于精神分析学家们把肛门的决定性作用孤立起来看的做法，她提到了青少年及一些精神官能症患者对粪便的兴趣。[①] 在本书中，我只分析一些更前沿的、更直接适合客观体验和诗作的精神状况，因此我就从纯粹的积极因素中来显示揉捏劳作的特点，并使这些因素脱离精神分析的瑕疵。捏泥团对于孩童来说十分正常。在海滨，孩子像只小海狸一样，似乎出于一种极一般的本能行为。考夫卡[②]指出，S.霍尔[③]在孩童身上发现了一些使人联想起湖栖时代祖辈的特征。

---

① 参见 M.波拿巴特夫人，同前，第457页。
② K.Koffka(1886—1941)：美国心理学家。——译注
③ S.Hall(1844—1924)：美国心理学家，教育家。美国心理学会创建人之一，着重研究孩童、青少年智力和情感发展。——译注

河泥是水的尘埃,就像灰烬是火的尘埃一样。灰烬、河泥、尘埃、烟气会给人以无止境地在更换着自身物质的那种形象。原初的物质通过这些变得细微的外形在沟通着。在某种程度上说,这正是四种本原的尘埃。河泥是诸种最高度增值的物质之一。似乎,水在这种外形下,给大地带来了平静的、缓慢的、可靠的富足原则本身。在阿基,米什莱对河泥滩用这样的词语表示了他对再生的全部心愿和信念:"在河泥堆积的狭窄湖中,我欣赏着水流的巨大力量,在山地里,水流早已准备并筛滤着河泥,又把它凝固了起来,水在同自身的作品做斗争,水流透过泥层,要穿过它,激起阵阵小震荡,掀起泥浆,小水柱穿过了泥层,煞似微型火山在喷发。这样的小水柱只是空气气泡,可是另一种小水柱常在,那是一股细流,它在别处受阻,经过无数次摩擦终于胜利了,欲望得以实现,那是这些小生灵的努力,欣喜见到了阳光。"[①]当我们读到这样一些章节,就会感到一种行动中的不可抗拒的物质想象,这种想象,不管体积大小如何,对各种外形形象也无所

---

① J.米什莱:《山》,第109页。

顾忌,会投射出微型火山的极有活力的形象。这样一种物质的想象介入到了各种实体的生命中,它开始喜爱由气泡搅动的河泥的翻滚。而一切热,一切裹挟都是母性的。面对着这黑色泥浆,"根本不脏的河泥",他投入到了这种有生命的泥团中去,他高呼:"亲爱的众人之母!我们是一体。我来自您,我又回到您那里。可是,请爽快地说出您的机密。您在那幽深的黑暗中做什么?从那里您给我送来了这热烈的、苍劲的、返老还童的灵魂,是谁还使我活着?您在那里做什么?——我在做你所见到的,做在你眼前的事情。她的嗓音清晰,有点低沉,但是温和,虽然是母性的声音。"这个母性的声音真的不是发自实体吗?发自物质本身吗?物质在对米什莱说体己话吗?米什莱从水的本质中,从它的矛盾中把握住了水的物质生命。水在"同它自身的作品做斗争"。这是完成一切、溶化并凝固一切的唯一方法。

这种双重力量始终是持续繁殖的信念根基。要持续,就必须结合独立面。E.塞利耶(Seilière)在他的《自然之仙女与生活之仙女》中说,沼泽地繁茂的植物正是土地对生物影响的象征(第66页)。正是这种土地和水在沼泽中的实体性的结合,决定了肥沃的、短促的、丰富的无名植物的力量。如米什莱这样的人物,理解河泥有助于我们参与到土地的生长力量和再生力量。当米什莱全部身心沉浸在梦幻的河泥中时,还望大家读一读《它的隐藏生活》中的奇妙章节。这土地,"我感到它很会抚慰人并有同情心,它温暖着它受伤的孩子。从外部感觉?在它之中也一样。因为它以它富有生气的精灵神气进入我身,同我交融在一起,潜入我的心灵中。我们之间已变得完全同一化了。我不再同它有区分。以至在最后一刻钟时,它尚未覆盖的我身上仍自由的东西,即脸部,已令人感到陌生讨厌。被埋下去的躯体是幸福的,而这正是我。脑袋没有埋入地下,它在抱怨,它不再是我了;至少,我会这么想。这种结合如此紧密!我与大地之间,远不止于是一种结合!就像是本性的交换。我是大地,而它是个男人。它承担起我的残缺,我的罪孽。我,当我成了大地时,我取得了它的生命,热量,青春"(第114页)。河泥和肉体的本性交换在此是一种物质遐想的佳例。

当我们对 P. 克洛代尔的这段文字思考时,也会有土与水有机结合的同一种感觉:"四月,先是李子树鲜花盛开,接着水的劳作在整个大地上开始了。

它溶解着,温暖着,软化着,渗透着,而盐分流淌起来,它让人信服,它咀嚼,它交融,基础一旦准备就绪,生命启始了,植物的世界从自己的根部又开始在普天共有的财富上滋长。最初酸的水逐渐变成厚厚的糖浆汁,溶液,苦涩的蜜汁,载负着性的强大力量……"①

黏土对于许多人来说也是一种无尽遐想的主题。人会自问,自己是由何种河泥,是何种黏土造成的。因为,要创造,就必须要有黏土,可塑造的物质,一种由土和水相结合的暧昧的材料。语言学家为弄清楚黏土(argile)是阳性还是阴性展开研讨,这并非徒劳的。我们的温柔和我们的坚硬是对立的,黏土要有雌雄两性的参与。O.V.德·L.米洛兹(Milosz)的这章节十分优美②,他说,我们只是由黏土和泪做的。辛劳和泪水欠缺一点,人就干瘦,穷苦,被诅咒。黏土中泪水多一点,少了一点勇气和僵直,便是另一类贫贱:"黏土做的人,泪水淹没了你可悲的脑子。无盐的话语在你嘴上流淌,如一股温水。"

---

① P.克洛代尔:《旭日中的黑鸟》,第242页。
② O.V.德·L.米洛兹:《米凯尔·马纳拉》,第75页。

我曾表示要在本书中利用各种时机来发挥物质想象的心理学,因此我不想离开揉捏和搅拌的遐想而不循着物质想象的另一条路线,沿着这条路线,我们可经历不顺从的材料缓慢而艰难地征服外形的过程。水并不在场。从这时起,劳作者就像出于偶然,会从事一种对植物的滑稽模仿。水力的这种滑稽模仿会有助于我们逐渐地理解想象的水的力量。我想谈一下锻造者的遐想。

锻造的遐想姗姗来迟。这项劳作始于坚硬的东西,因此,锻工首先体现着一种意志的意识。首先登场的是意志;然后,在火的作用下,巧妙的手段开始征服可锻性。当变形在锤子的敲打下开始呈现时,当铁条弯曲时,某种变形的梦想出现在锻工的心灵中。此时,遐想的大门一点点开始敞开。此时火之花开放了。火之花肯定是从外部模仿植物的光辉,可是,如果更多地关注一点火之花微微弯曲的滑稽模仿,就会感到它从工匠那里得到了一件内在深处的生长力。锻造工的锤子在取得成功之后,就轻轻敲打着涡状物。一种软绵的梦幻,不知是何种流动的回忆熔在锻炼的铁中。经过长时间加工的铁栅栏,仍是一垛有活力的屏障。沿着栏杆,枸骨叶冬青往上长着,比自然界中的更硬一些,光泽暗些。而对于善于在人与自然边缘做幻想的人,对于善于做各种诗意错倒的人来说,乡间的枸骨叶冬青不已经是一种植物的僵直,是锻造的铁吗?锻造者的这种联想,我们可以用来在新的视野中展现物质遐想。要使铁变软,当然要有大力士;可是当要在铁之花中造就细微的弯曲时,大力士就由侏儒取代了。地精①便真的从金属中出来了。事实上,将各种虚幻的存在物作微型化处理就是对本原遐想的一种想象出来的形式。在土堆下发现的存在物,从晶体的角度来看,它镶嵌在物质之中;这些存在物是物质的原初力。倘若面对实体而不是物体做幻想,就会唤醒这些存在物。小的在大的面前起着实体作用;小的是大的内在深处的结构;小的,即使它仅仅是外表上的封闭,并镶嵌在大的中,它变得物质化了。事实上,真正形式的遐想是在组织较大体积的物体中发展起来的。它在膨胀着。相反,物质的想象镶嵌装饰着自身的物体。总是这种遐想在雕刻。它在深入,延续劳作者的梦想,直至实体的内部深处。

---

① 神话中守护地下宝藏的精灵矮子。——译注

物质的遐想夺取了某种内在性的东西,即使针对最坚硬、最顽固地抗拒穿透深入的梦幻的实体也罢。当然,物质的想象在对付泥团方面更为自然自在,因为泥团提供了一种既容易又细腻的穿透的活力。我联想到锻造工匠的遐想只是为了使人们更好地感受到揉捏遐想的温柔,柔软泥团的快活,揉捏者、幻想者对水的感激之情,水对密集物质总略胜一筹。

若要随着沉醉于物质想象的匠人继续做想象,那就会遥无止境。他永远不会觉得某种物质已经加工得相当好,因为他永不曾停止他的梦想。形式会结束。物质永不会。物质是无踪迹的梦想的图解。

第五章

母性的水与女性的水

……如古代那样,你能睡在海上。

——P.艾吕雅

I

如前面所说,波拿巴特夫人曾从童年,从童年早期回忆的角度,阐释过埃德加·坡对某些非常典型的想象的意象的依恋。波拿巴特夫人的精神分析研究的一部分取名为《母亲-景物圈》。当我们紧随着精神分析调查的灵感时,就会理解用景物的客观特征来解释对自然界的感情是不够的,倘若这种感情是深沉而真实的话。让我们酷爱现实的东西,并不是对现实的认识。而是感情,它是根本的第一位的价值。自然界,我们从并不了解它,并没有很好地观察它,在对事物产生那种源于别处的爱之中,开始了对它的爱。继之,我们在细微之处去寻找它,因为我们在粗犷中热爱它却不知为什么会爱它。对自然界做出的欣喜的描述是一种佐证:我们曾怀着激情,怀着爱的经久不退的好奇心注视过它。如果说对自然界的爱在某些心灵中是如此持久,那是因为爱在其原初的形式中是各种感情之源。这是孝之情。各种形式的爱都从对母亲的爱中获得一份感情。波拿巴特夫人说,对于长大的人来说,"自然界是一位极度扩展的、永恒的和投射到无限中去的母亲"(第363页)。从感情上讲,自然界是母亲的一种投影。波拿巴特夫人又说,尤其是"大海对于所有的人来说是最伟大、最持久的母性象征之一"(第367页)。而埃德加·坡为我们提供了这种投影,这种象征化的尤为明显的例子。对于那些指出埃德加·坡在童年时期就能直接地体味到海洋的快乐的人,对那些否认心理实在重要性的现实主义者们,波拿巴特夫人回答说:"仅有海洋——实在并不足以使人类着迷。海洋为人类唱着两种范围的歌,其中最高的、最表层的歌并不是最迷惑人的歌。正是深层的歌……把人每时每刻引向了大海。"这深层的歌是母性的歌,是我们母亲的声音:"并不是因为山是绿色的或海是蓝色的我们才爱它,即使我们以此为理由来说明我们所爱,那是因为我们身心中的,我们无意识的回忆中的某种东西在蓝色的海和绿色的山中得以再生。我们身心中的,我们无意识回忆中的这某种东西无论何时何地都源于我们的童年的爱,源于最初的爱,这些爱只流向给我们提供庇护和食物的人,即我们的母亲或养育者……"(第371页)

概括起来说,孝心是各种形象投影的首要的积极的原则,正是这种想象的投射力,不会枯竭的力量,掌握住了各种形象,把它们置于最可靠的人的前景中,即母性前景中。其他各种爱随之加入这最初的爱的力量中。但是,所有这些爱都永不会毁掉我们最初感情的历史优先性。内心感情的这种年代先后,是不可毁的。然后,某种爱和同情的感情越是具有隐喻,它就越需要在这种基本的感情中汲取力量。在这种情况下,热爱一种形象,就是在不知不觉中为一种先前的爱找到一种新的隐喻。热爱无限的宇宙,就是赋予对母亲之爱的无限性以一种物质含义,一种客观意义。热爱一处孤独的景致——当我们独处时——,就是弥补一种痛苦的不在场,就是回忆起那种不会抛弃的……不在场。当我们一旦以全部身心热爱一种实在时,这是因为这种实在已是一种身心,这种实在是一种回忆。

II

我将试着以物质想象的观点为出发点,返回到这些一般的看法上。我们将会看到,以自己的奶汁,以自己的实体滋养我们的造物,以她不可磨灭的标记标志着各种各样十分遥远的、十分外部的形象,而且这些形象无法通过形式想象的通常主题得到正确的分析。从总体上,我将说明这些形象获得了巨大增值,因而更具有物质内涵而不是形式。要证实这一点,我们将更贴近地研究文学形象,这些文学形象欲迫使自然之水、河流湖泊的水、海洋的水接受乳白的外表,乳汁的隐喻。我将阐明,这些癫狂的隐喻阐释一种不可忘怀的爱。

正如前面已说明的那样,对于物质想象来说,任何的液体都是一种水。正是物质想象的一项基本原则要求将一种原始的本原作为各种实体想象的根源。这种看法已经得到了视觉上的、动力学观点上的证实;对于想象来说,凡是流动的东西都是水的一部分;凡是流动的东西都分享着水的特性。水的修饰词——"流动的",是如此具有活力以致它始终并在各处创造着它的名词。颜色无关紧要;它只是产生一个形容词;颜色只是指出一个变种而已。物质想象马上就联系到实体的品质。

如果我们把在无意识中的调研推向更远,从精神分析的意义上来研究问题,那么我该说一切水都是乳汁。更确切地说,一切可口的饮料都是一种母乳。在此,我们具有两个层次上的物质想象,两个连续的无意识深度的实例:首先,一切液体全是一种水;其次,一切水都是一种乳汁。梦幻具有一种直根,它深入到最早先的孩提时代生活的纯朴的巨大无意识中。梦幻还拥有一个须根束,它生长于表层中。我在我的作品中曾研究了这个表层,而意识和无意识正是交杂在这个层面里。但必须指出,深层始终是活跃的,而且乳汁的物质形象是水的更为有意识的形象的支撑。最初的趣味中心是由某种有机趣味所构成的。正是这种有机的趣味中心首先使不定的形象汇集一起。若我们研究一下言语是如何逐渐地变得有价值的话,就会得出同样的结论。第一个句法服从于某种需要的语法法则。乳汁在液体实在物的体现顺序上是首要的实体,或则更确切地说是首要的进入口腔的实体。

顺便指出,同嘴有关联的任何一种价值都不会遭排斥。嘴、嘴唇,这是首要的、积极而准确的幸福之地,是被允准的快感领地。嘴唇的心理学,就其本身而言,值得做一番研究。

借助这种被允准的快感,让我对精神分析领域的研究啰嗦几句,并举几个例子来证实水的"母性"的基本特征。

显然,乳汁的人性形象正是圣梯夫所引述的吠陀教赞词的心理支撑物:"水是我们的母亲,水渴望着参与各种奉献,水循着自己的道来到我们身边,给我们带来乳汁。"① 倘若从中只看到一种感恩上苍赐予自然、福分的哲理的模糊形象的话,那就错了。我们应当赋予这种形象以现实主义的绝对完整性。我们可以说,对于物质想象来说,水同乳汁一样,是一种完整的食品。圣梯夫所引的赞词又说:"土荆芥在水里,药草在水里……水啊,把各种药品变得完美,这些药会驱病,使我的身体感受您的疗效,使

---

① 圣梯夫:《水的民俗故事》,第54页。并参见 L.勒奴:《吠陀的赞词和祈祷》,第33页:"伐鲁纳,他淹没大地与天空——当他要喝乳汁时。"

我能久久见到太阳。"

当水被人虔诚地歌唱时,当对水的母性的那种挚爱的感情是热烈而真诚的时,水就是一种乳汁。如果赞词的语调使一颗诚挚的心活跃起来,它就会奇怪地有规则地带来原初的形象,吠陀的形象。米什莱在那本自称客观描写、可谓学术类的书中,在谈到他对海的直接体验时,十分自然地又发现了乳汁海洋的、生命海洋的、食物海洋的形象:"这些营养丰富的水富有各种各样的油性原子,适合于鱼类的柔软特性,鱼懒洋洋地张开嘴呼吸着,在共同母亲的怀中像胚胎一样得到养育。鱼知道自己在吞食吗?几乎不知。微小的食物如同乳汁来到它那里。饥饿,世间的天命,只是对陆地而言;在此,饥饿无需理睬。不要任何动作,无需寻求食物。生命犹似梦一般飘移。"[①] 显然,这难道不是一个心满意足的孩子,一个沉浸在安乐中的孩子的梦吗?无疑,米什莱以许多方式使让他着迷的形象理性化。在他看来,海水是一种黏液。

带来了"温和而多产的本原"的微型存在物的富有活力的行动,已对海水加工并使它富有养分。

---

① 米什莱:《海》,第109页。

"这句话打开了窥探海洋生命的深邃目光。海洋的孩子们大部分似胶状的胎儿,它们吞噬着并产生着黏液,给予海水以无尽子宫的丰富多产的温和。在那里,新的孩童们前来戏水,如在温暖的乳汁里一般。"(第115页)这般的温和,这般的温暖是富有启迪意义的标识。没有任何东西在客观地揭示它们。一切都是主观地说明它们。最显著的实在首先是同所吃的东西相一致的。海水对于米什莱泛生物学的观点来说,不久就成为"动物的水",各种有生命之物的首要食物。

"哺育"的形象凌驾于其他一切形象的最好证明,便是米什莱在宇宙的层面上毫不犹豫地从乳汁发展到乳房:"大海用它坚持不懈的抚慰使海岸圆润,使海岸具有母性的轮廓,我要说的是女人乳房可见的柔情,即令孩童感到无比温和,受到庇护,温暖而温馨的那东西。"①倘若米什莱事先从不曾被一种物质想象的力量,被乳汁的实体形象的力量所征服,他又能从何种海湾的深处,在何种圆润的海峡的前面看到女人乳房的形象?在如此大胆的隐喻前面,只有这样一种解释,它以物质想象的原则为

---

① 米什莱:《海》,第124页。

基础:正是物质在决定着形式。乳房呈圆形,因为乳房里充满乳汁。

在米什莱的作品中,海的诗歌是那种生活在深层中的遐想。海洋是母性的,水是一种神奇的乳汁;大地在其子宫里准备着温暖而丰富的食物;乳房在岸边鼓起,它给予各种造物以油性的原子。乐观是一种富足。

III

似乎,与物质形象即刻结合在一起的断言,以不确当的方式提出了形象和隐喻的问题。为对此提出反驳,有人会强调,一般的视觉,对自然景观的专注的观赏就会造成直接的形象。有人提出,许多诗人由于受到幽静的景致的启迪,会向我们诉说出月光下,寂静的湖面的那种乳色美景。让我们来探讨一下水上诗意的这种熟悉的形象。从表面上看,尽管这种形象十分不利于我们对物质想象的观点,可是最终它将证明,正是通过物质而不是形式和色彩,人们可以解释形象对各种诗人所产生的诱惑。

可是,人们又是怎样在实际上去设想这种形象的实在的呢?或是说,决定这种特殊形象产生的客观条件又是什么呢?

要使月光下在沉睡的湖泊前那种乳色形象呈现在我们的想象中,那么月光应是漫射的——水应是微动的,以使湖面不再生硬地反映光照下的景致——总之,水应从透明进入半透明状态,水应逐渐变得不透明,变成乳白状。这难道真足以使人想起牛奶罐,想起挤奶女工起沫的桶,想到客观的乳汁?似乎不会。因此,必须承认,形象从视觉素材这方面来说并无其原则和力量。为说明诗人的信念,说明形象的频繁与自然,就应把看不到的成分,把其本质不可见的成分加进这形象中去。物质想象正是通过这些成分体现出来。只有物质想象的心理学才有可能从整体上,从现实生活中解释这些形象。

那么,这种乳色水的形象究竟为何物?这是某个温暖而舒心的夜晚的形象,是明亮而笼罩的物质的形象,那种既取空气又取水、既取天又取地的形象,并把它们结合起来的形象,那种宇宙的、宽阔的、辽阔的、温和的形象。倘若见到了这种形象,就会认出并不是外界沉浸在月亮的乳色光芒中,而正是观赏者沉浸在幸福之中。这种幸福是如此具体,如此可靠,它让人回想起最古老的福乐,最可口的食物。因此,河之乳汁永不会是冰冷的。任何一位诗人都不会对我们说,冬天的月亮会在水面洒下乳色光芒。温暖的气氛,柔和的光线,宁静的心灵对于形象是必不可少的。这些就是有力而原始的成分。白色只是随后而至。白色是推断出来的。白色是由名词带来的,在名词之后出现的形容词。在梦幻世界里,欲想一种颜色像乳汁一般白色的词意是欺人的。梦幻者接触到乳汁,他的双眼蒙眬欲睡,有时所见到的是白色。

有关白色,在想象的世界里,并无疑难之处。倘若月亮的一缕金光照在河上,色彩的形式和表面的想象并不会被搅混而模糊。表面的想象会把黄色看成白的,那是因为乳汁的物质形象相当强烈,在人的内心深处仍在渐进深入之中,以最终实现梦幻者的宁静,并赋予舒坦之感以一种物质,一种实体。乳汁是让人宁静的首选之物。人的宁静便把乳汁注入被观赏的水中。圣·琼·佩斯在《赞歌》[①]中写道:

---

① S.J.Perse(1887—1975):法国诗人,外交家。《赞歌》发表在1911年。——译注

……而这些平静的水是乳汁般的

是那倾注到早晨软绵绵的孤独中的东西。

泡沫飞溅的急流,不管它有多么白,永不会有这种特权可言。当物质想象幻想原初的本原时,色彩确实不算什么。

想象在形象中并无它深深的、为它提供养料的根基;它首先所需要的是一种更贴近、更笼罩、更物质的在场。想象的实在被写出来之前首先被忆及。诗歌始终是呼唤的语言。如 M.布伯①所说,诗歌在"这"之前,首先是"你"这层次的。因此,月亮在诗歌天地里,先是物质的,然后是形式的,月亮是渗入梦幻者心中的流动物。人,当他处在自然的、原初的诗歌状态时,"并不去思念那每晚都见到的月亮,直至有一夜晚,在睡意袭来时,在熬夜时,月亮前来,靠近他,用自己的手使他着魔,用自己的触摸给他带来快意或痛苦。他所保存下来的东西,不是那移动的光亮的圆盘形象,也不是以某种方式同它联

---

① M.Buber(1878—1965):以色列哲学家,神学家,原籍奥地利。作品《我与你》阐明他的哲学思想。——译注

系在一起的某种凶险的存在的形象,而首先是那种穿过身体的流体的原动力形象,情感的形象……"①

月亮是一种"影响"——从该词的星相学意义上讲,是一种宇宙物质。它在某种时候浸润着宇宙并给予它以物质的统一性,还有什么更好的说法吗?

有机回忆的宇宙特性,一旦我们明白了物质想象是一种原初的想象时,就不会让我们感到意外。这种特性以富有活力的光芒,怀着直感的信念,想象着万物的创造和生命。我们已经为埃德加·坡的想象的直接性而感到惊讶。他的地理学,即他想象大地的那种方法,在同一处凸显出来。因此,在恢复物质想象的实际功能中,人们会体会到戈登·皮姆在两极海洋探险中的深刻含义,而埃德加·坡从未领略过这些海洋的风光,这是不用说的。埃德加·坡是这样描写这些奇特的海洋的:"海水确实很热,水的颜色由于质变而很快不再透明了,变成乳浊色。"请注意,水变成乳色,不再透明了。埃德加·坡又说:"在我们近旁,大海一般是平静的,从来没有掀起大浪使船只出现险情,——可是,我们

---

① M.布伯:《我与你》,翻译:G.比昂基,第40页。

发现在我们左边、右边、距离不等处,时有宽阔浪潮掀起,这让我们惊讶得很……"(第 270 页)三天后,南极探险者又写道:"水有些过分热(可这是极地海水),而且,水的浊乳色彩也越加显著。"(第 271 页)可以看到,这里不再同海洋整体、海洋全貌有关系了,而是把水作为物质,作为实体——既热又是白色——来看待。因为它是温的,所以是白的。首先感到它的热量,然后才是水的白色。

十分明显,这里说的不是景观,而是一种启迪讲述者的回忆:一种幸福的回忆,各种回忆中最平静、最让人心安的回忆,那种喂奶的回忆,在母亲怀抱的回忆。在最后结束的部分,一切都在证明这一点,甚至使人回想起心满意足的孩子,在乳娘怀中睡着的孩子的甜蜜的惬意。"显然,极地的冬季在临近,——可是,冬天的来临并没有伴随而来的可怖的气氛。我感到身心麻木,——一种令人惊讶的作遐想的倾向……"极地冬天的冷酷现实被克服了。想象的乳汁充分发挥了作用。它使身心麻木。从此,探险者是一个在回忆的梦幻者。

直接的形象,往往是很美的——那种内在的美、物质的美——它并无其他渊源。譬如,在 P. 克洛代尔看来,什么是河流?"它是大地实体的液化,它是扎根在深奥处的液态的水的喷发,是在吮吸着的大洋的吸力下乳汁的喷发。"① 在此,还是同样的问题,是什么起支配作用? 形式还是物质? 是河流的地理形态以及河流三角洲的环形地带,还是液体本身,有机精神分析的液体,即乳汁? 倘若不是通过本质上是实体论的阐释,从人性角度赋予河流入海口以活力,那么读者又通过何种途径参与到诗人的形象中去呢?

我们再一次看到,各种巨大的实体价值,各种有价值的人类活动都无困难地上升到宇宙层面。从乳汁的想象到海洋的想象,间隔万千距离,由于乳汁是一种想象的价值,它在各种时机都会有飞跃。克洛代尔又说:"以撒②同我们说到乳汁,说乳汁在我们身心中如海水泛滥一般。"③ 乳汁不是使我们沉浸在、淹没在无比的幸福中吗? 在夏日,充沛而温热的大雨,不是给人以乳汁倾泄的生动形象吗?

同一种物质形象,深藏在人们内心中,不断地

---

① P.克洛代尔:《认识东方》,第 251 页。
② Isaac(公元前八世纪):犹太先知之一。——译注
③ P.克洛代尔:《剑与镜》,第 37 页。

变化着派生的外表形式。米斯特拉尔①在《米海依》中唱道(第四支歌):

> 让这时刻来吧,大海
> 让她自豪的胸脯平静
> 用她的乳房宁静地呼吸……

这就是那乳色的海洋的景象,她慢慢地平静起来;她将是那位拥有无数胸脯、无数心脏的母亲。

正因为对于无意识来说,水是一种乳汁,所以水才在科学思想史的发展中常被当作一种极富营料的本原。咱们别忘了对前科学精神来说,营料是一种解释的机能,而不是什么要解释的功能。从前科学精神到科学精神,在生物学和化学的解释中发生着一种倒置。在科学精神中,人们试图用化学来解释生物学。前科学精神,更接近于无意识思想,用生物学来解释化学。因而,化学实体在"浸煮器"里加热浸提,对于炼金术士来说,是一种无比亮堂的行动。化学,再加上简单的生物学直觉,在某种

---

① F.Mistral(1830—1914):用普罗旺斯语写作的法国作家。诗歌《米海依》有 12 支歌。——译注

程度上是加倍的自然。化学毫无困难地从微观上升到宏观,从人上升到宇宙。水使人解渴,又灌浇大地。前科学精神具体地设想我们视为普通的隐喻的那些形象。前科学精神真认为大地喝水。在十八世纪,法布利西尤斯认为,水是用来"滋养大地和空气"的。因而,水进入了哺育本原之列。这就是原初物质价值中最伟大的那种。

Ⅳ

对饮料的全面的精神分析会显示酒精与乳汁、火与水的辩证法:狄俄尼索斯①与库柏勒的对立。这时,我们能意识到,一旦我再次经历无意识的增值,当我们参照物质想象的最初价值时,有意识生活、文明生活的某些兼收并蓄就会变得不可能了。譬如,诺瓦利斯在《亨利·沃夫特廷根》②中说,亨利的父亲前往民宅要"一杯酒或一杯奶"喝。犹如在含着许多神话的故事中,充满活力的无意识会犹豫

---

① Dionysos:希腊神话中的酒神,宙斯之子。Cybèle:希腊神话中的众神之母。——译注

② *Henrid Ofterdingen*,发表于 1802 年。——译注

不定！只是在生活中，在礼貌掩饰了各种本来的要求的情况下，人们会要"一杯酒或一杯奶"。可在梦幻中，在真的神话故事中，人们总是要自己想要的东西。人们总是知道自己想喝什么。人们总是喝原来的东西。在梦幻中所喝的东西，必定是一种标志，用来表明梦者。

比本著作更深入的对物质想象的精神分析，将会研究饮料和春药的心理学。近五十年以前，莫里斯·古夫拉特(M.Kufferath)就说过："爱之饮实际上就是生命的巨大奥秘的形象本身，是爱情的造型表现，是爱情不可捉摸的绽放。它的变化，它从梦幻发展为完全的有意识的表现，正是通过这种表现，爱情的悲剧本质才体现在我们眼前。"① 古夫拉特与那些指责瓦格纳采用"医学"干预的文学评论持不同看法，他正确地指出，"春药的神奇力，并不是发挥了任何身体的作用，它的效用是纯粹心理的"(第148页)。"心理的"一词毕竟太笼统。在古夫拉特写作时，心理学还不拥有今天它所具有的各种研究手段。遗忘的区域同五十年以前所设想的十分不同。对春药的想象也可能具有很大的多样

---

① M.古夫拉特：《特里斯当与伊泽》，第149页。

性。我无法对它贸然加以发挥。本书中,我要强调的是基本物质。让我们谈一谈基本的饮料。

基本饮料,如同乳汁一般哺育的水,被视为营养的本原,视为被消化的本原的水的直觉是如此强烈,以至,也许有了这样母性化的水,我们才最好地理解了本原的基本概念。这种液体本原便呈现为一种超乳汁,母亲之母亲的乳汁。克洛代尔在《五大颂歌》中,有些对隐喻不屑一顾,他直接地奔向本质而去:

> 您的泉源并不是泉源。是本原本身!
> 是原初物质!是母亲,我需要的是母亲!

陶醉于原初本原的诗人说,水在天地里的作用,管他呢!水的变化和分布,管他呢:

> 我并不要您那精心整治,阳光下挥发,经过筛滤蒸馏,由群山之力加以分配的水,
> 受蚀的水,流动的水。

克洛代尔要取那不再流淌的液体本原,把存在的辩证法置于实体本身。他要把握住最终被拥有、

受怜爱、被挽留,让我们着迷的那个本原。继视觉形式的赫拉克勒斯主义而来的是一种本质的流体,一种整体柔软,一种同我们一般热但又温暖我们的热量,一种辐射却又让人得到完全拥有之快乐的流体的强烈现实主义。总之,现实的水,母性的水,不可没有的母亲,大写的母亲。

V

这种实体的增值把水变成取之不尽的乳汁,变成自然-母亲的乳汁,它并不是以深刻的女性特征标志水的唯一增值。在一切男人的生活中,或至少在每个男人的梦想生活中,都会出现另一个女性:情人或妻子。这第二位女性也会被投影到自然中去。在母亲-景观的身旁是女人-景观。不用说,这两种被投影的女性可能会相互影响或覆盖。可是我们能把她们区分开来。我将举个实例,女人-自然的投影十分清晰。诺瓦利斯的梦就给我们提供了新的理由来肯定水的女性实体论。

诺瓦利斯在梦幻中见到在水池中浸润了双手、沾湿了双唇之后,他又被一种"不可抑制的下水浸泡的欲望"所控制。并无任何幻觉要他这样做。正是他用手、用双唇触及的实体本身在召唤他。这个实体从物质上在召唤他,似乎是鉴于一种魔幻般的参与。

梦幻者脱去衣衫,进入水池。只是在此时,形象呈现了,形象从物质中出现,形象像一种萌芽,从一种原初的肉感的实在中,从一种尚不会投影的醉意中诞生了:"各种不曾见过的形象从四面八方涌出来,这些形象相互化在一起,变成一些看得见的存在物,把梦幻者团团围住,以致,这种妙不可言的本原的每个波,如那细软的胸脯一样紧贴着他。好像在这流水中早已化解着一群可爱的少女。顷刻间,她们在同年轻男子的接触中又重新有了身躯。"①

这是深刻物质化想象的美妙篇章,水在其中——从水的容量和体积来说——像是一位化了的少女,一种少女的液体本质。

女性的外形,在男性的欲望变得明显起来时,在同男人的胸膛接触中,从水的实体本身中产生了出来。但是,性感的实体在性感的外形之前已存在了。

倘若我们过于心急地认为天鹅情结是诺瓦利

---

① 诺瓦利斯:《亨利·沃夫特廷根》,译本,第9页。

斯的想象的奇特处之一的话,那就会认识不到他的想象的奇特了。倘若如此,那就要证明原初的形象是可见到的形象。可是,幻象好像并不是积极性的。那些可爱的少女很快就消融在本原中,而那位"陶醉于欣喜"中的梦幻者,继续着他的游历,同瞬间即逝的少女们并无任何艳遇。

诺瓦利斯的作品中,梦幻中的存在物只有当人们触及时才存在,水只是在贴着胸时才变成女性,水并不会给人以遥远的想象。诺瓦利斯某些梦幻中的这种很奇怪的形体特性,在我看来应给它取个名称。不该称诺瓦利斯是一位可看到不可见之物的有特异功能的诗人,我很愿称这是一位触及不可触及之物、不可触知之物、不现实之物的触摸者。他更胜各种梦幻者一筹。他的梦是梦中之梦,这不是从微妙意思上讲,而是从深度的意义上讲的。他睡着在他的睡眠之中,他在睡眠中经历着睡眠。倘若不说自己经历过,谁又不曾渴望过在这更隐蔽之处的第二种睡眠呢?此时,梦幻中的存在物更接近我们,它们前来触碰我们,像一团闷火那样生活在我们的肉体中。

我在《火的精神分析》中已经指出过,诺瓦利斯的想象是由"热量"支配的,也就是说,由那种对热的、温和的、温暖的、呵护的、包裹的欲望所支配,由那种对围绕整个身心并且深入其内的物质的需要所支配。这是那种向深处发展的想象。幽灵和蒸气的形状,但却是丰满的,从实体中冒出,像是一些很快消逝的存在物,但却又是能触摸到的,并且人把自身深处的热传递给它一部分。诺瓦利斯的所有梦幻都具有这种深度的标志。诺瓦利斯在梦幻中找到了这种美妙的水,这水使少女身影到处都呈现出来。这种水使少女身影分身。诺瓦利斯的梦不是那种视野宽广的梦。那美妙的湖泊,那小心翼翼守护自己的热,那温和的热的湖泊正处在岩洞深处,大地的怀里。从极度增值的水中产生的视觉形象并不会有任何牢固性可言;这些形象相互溶在对方之中。在溶化中又保持了它们渊源的水和热量的标记。唯有物质依然存在。对于这样的想象而言,一切全消失在外形形象的领域里,在物质形象的领域里无任何损失。从实体中产生的幽灵无需把自己的行动进一步推进。水"像温柔的胸脯"贴在梦幻者身上全是徒劳之举。梦幻者并无他求……他享受实体的拥有。他又如何会不对外形产生某些反感呢?外形已是衣裳;线条异常优美的裸体是冰冷的、封闭的,关闭在线条中。因此,对于梦幻者而言,想象纯粹是一种物质的想象。他梦想的是物质,他所需的是物质的热。当在幽深的黑夜里,在漆黑的洞中的孤寂里,人们从其本质上把握住了实在,以及它的分量和它的实体的生命时,瞬间即逝的幻象又有什么关系!

这样一些物质形象:温柔而热,温和而湿,使人康复。这些形象属于这种想象的医学,这样的医学在梦幻上是如此真实,如此强烈地被人们幻想着,以至它对我们的无意识生命有着巨大影响。在几个世纪中,我们见到了在身体健康中的那种在"根本的湿"和"自然的热"之间的平衡。一位旧时的作者莱希于斯(Lessius,1623年去世)这样说:"生命的这两原则相互逐渐消耗。随着这种根本的湿的减少,热也在减少,一旦其中之一消耗殆尽时,另一个也像烛火一样灭了。"水和热是我们两种同生命休戚相关的财宝。必须懂得珍惜。必须要知道一者制约另一者。诺瓦利斯的梦幻和他的各种想象一直在寻找一种根本的湿和一种扩散的热的结合。我们可以这样来解释诺瓦利斯作品中梦幻的良好平衡。诺瓦利斯做了一个健康的梦,一个睡眠良好的梦。

诺瓦利斯的梦幻向如此般的深度发展,以至这些梦幻似乎非同寻常。但是,如果我们在形式形象下再作一番发现的话,就会在一些隐喻中找到它们的雏形。譬如,在 E. 勒南①的一段文字中,我们会认出诺瓦利斯的幻影的痕迹。在他的《宗教史研究》中(第 32 页),他评论"美丽童贞女之河"的那个修饰词,说河水波涛"化为少女"。无论从何方去详细观看,都看不到这形象有任何形式特征。没有任何图像能证实这种形象的合理性。我们可以试问形式想象的心理学家,他也无法解释这种形象。这种形象只能通过物质想象来解释。波涛通过内在物质得到了白色和清澈透亮。这种物质,就是化解的少女之一部分。水具有了化解的女性实体的特性。如果想要洁白无瑕的水,就让童贞女化在其中。如果想要美拉尼西亚群岛②的海水,就把女黑人化在其中。

在某些童贞女浸入水中的习俗中,可以看到这种物质构成的痕迹。圣梯夫提到在黄金海岸的马尼-朗拜尔,"在久旱的年代,有九名少女进入克吕阿纳泉水池里,把里面的水淘尽以求雨"(同前,第

---

① Ernest Renan(1823—1892):法国史学家,哲学家,评论家。——译注

② Mélanésie 群岛,大洋洲的一部分,又称黑人岛。——译注

205页),他又说:"浸入的习俗在此同由纯洁的人来净化泉水池联系在一起……那些下泉水池的少女是童贞女……"她们通过那种"实际的强制",物质参与的手段,迫使水变得纯洁。

在 E.基内的《亚哈随鲁①》中,我们也可看到一种景象,它接近于一种视觉形象,但其物质同诺瓦利斯的物质相似。"多少次,当我在偏僻的海湾游水时,我怀着强烈的情欲把海浪紧压在我胸膛上!水流似长发披散在我的脖子上,浪水吻着我双唇。我的身边溅着发出香气的水沫。"我们看到,"女性外形"还没有出现,可她很快会呈现,因为"女性物质"已全部到位。怀着深爱而"紧抱"着的浪涛与激动起伏的乳房差之不远了。

如果说人们对于这样的形象的生命力并不总有所感觉的话,如果说人们并不是从这样的形象的明显的物质方面来接受它们的话,这是因为物质想象并没从心理学家那里得到应有的重视。我们的文学教学仅限于培养形式想象,明晰的想象。另一方面,梦幻往往单纯地从其形式发展中来加以研

---

① 旧约中人物,波斯帝国国王(公元前 485—公元前 464 在位)。——译注

究。人们并没意识到梦幻尤其是一种物质的摹拟的生活，一种深深扎根于物质本原的生活。特别是，由于外形接二连三地呈现，我们便无法来衡量这种变化的活力。至多，可以从外部来描绘这种变化，把它当作一种纯粹的变化历程。这个变化历程无法从内部来评估力量、冲动、渴望。倘若把梦幻的活力脱离梦幻所加工的物质本原的那种活力，那么我们便无法理解梦幻的活力了。当我们忘却了梦幻内部的动力时，就会从一种不佳的背景中来理解梦幻外形的变动。从根本上来说，外形是变动的，那是因为无意识对外形漠不关心。紧系着无意识的那东西，在形象的领域里迫使无意识接受一种有活力的法则的那东西，正是在物质本原深处的那种生命力。诺瓦利斯的梦幻是一种在对水的沉思中形成的梦幻，这水包裹着、渗透着梦幻者，这水给他带来一种热而广博的惬意，一种在厚度和密度上的惬意。这是一种诱惑，它并非由形象所致，而是由实体引起的。因此，我们可以把诺瓦利斯的梦幻当作一种美妙的麻醉剂。它几乎会给一切不安心理带来平静的一种精神实体。如果对诺瓦利斯的文章做深思，就会发现它为理解梦幻心理学的一个重要方面带来了一缕新的光芒。

VI

在诺瓦利斯的梦幻中,还有一种几乎尚未揭示的特点,但这特点终究是积极的,因此我们应当阐明它的全部意义才能有水化梦幻的完整心理学。诺瓦利斯的梦幻事实上属于摇晃梦幻的广阔领域。当梦幻者进入美妙的水中时,他的最初的感觉便是"安息在云雾中,在傍晚的紫霞中"。稍后,他会觉得自己"躺在柔软的草坪上"。那么究竟是什么物质支撑着梦幻者?既非云雾也非柔软的草坪,而是水。云和草坪是外在表现;水是感觉。在诺瓦利斯的梦幻中,水是体验的中心;当梦幻者在岸边休息时,水仍在摇晃着他。这便是梦幻的物质本原的持久行为的实例。

在四种本原中,只有水会摇晃。水是摇晃的本原。这又是一种水的女性特征;水像一位母亲那样摇晃。无意识并不会提出自身的阿基米德原理,但无意识经历着这种原则。在梦想中,沐浴者并不寻求什么,并不在醒来时像一位有所发现的惊讶的精神分析学家那样呼喊"Eurêka"①,沐浴者又找到了"他的环境"——夜。他喜欢并熟悉水中的轻盈;他直接享受着这种轻盈,就像享用一种梦幻的知识,一种打开无限的知识。不久,我们就会看到这一点。游荡的小船给人以同样的乐趣,激发同样的遐想。拉马丁说,小船毫不犹豫地给人以"那种自然界里最神秘的快感"。无数文学作品中的参照物向我们表明让人着迷的小船,浪漫之舟,在某些方面就是一只摇篮。久久地、无忧无虑、心底宁静地躺在孤独的小船里,仰望天空,这会勾起我们何种回忆?天上空空,毫无形象,但小船摇晃着,有节拍、有活力地摇晃着而无碰撞——这是那种几乎静止的寂静的摇晃。水抱着我们。水在摇动我们。水让我们进入梦乡。水让我们回到母亲怀中。

物质想象,环绕着摇晃的梦幻那样广泛的、形式上缺少详细内容的主题,但却有着它自己的特别标记。对于梦幻者来说,在水上摇晃是作特殊遐想的良机。这种遐想越来越深远,也就变得越来越单调。米什莱曾对此发表过这样的见解:"既无地点,也无时间;并无注意力能集中的某个突出的方面;

---

① 希腊语,表示:有了,有办法了!(突然找到答案。)——译注

也不再有注意力了。遐想越来越深远……在辽阔的柔软的水面上,做着无尽的梦。"① 米什莱想用这形象来描绘使注意力分散的那种习惯的驱动。我们可以把隐喻的背景翻转过来,因为在水上摇曳确实使注意力分散。此时,我们会明白在船上的遐想不同于在摇椅上的遐想。在船上的这种遐想决定着一种特别的梦幻习惯,一种确已成习惯的遐想。譬如,如果从拉马丁的诗歌中去除在水上梦幻的习惯,那么他的诗就失去了重要的组成部分。这种遐想有时具有一种深刻的内在性。巴尔扎克曾说过:"船上令人快感的晃动,在模糊地模仿着在心灵深处浮动的思维。"② 一副轻松而舒坦的思维的美好形象!

如同与物质本原,同自然力维系在一起的各种梦幻和各种遐想那样,摇晃的遐想与梦幻也在扩展着。在它们之后,随之而来的梦幻将扩展这种奇妙的柔情的感觉。它们给予幸福感以一种无穷尽的滋味。正是在水边,正是在水上,我们学会在云中飘浮,在天空中漫游。在同一本书中,巴尔扎克写

---

① 米什莱:《神甫》,第 222 页。
② 巴尔扎克:《山谷里的百合花》,Galmann-Lévy,第 221 页。

道:"河流似小径,我们在那里快跑如飞。"水在邀我们作想象的旅行。拉马丁也表达了这种水与天的物质连续性。当"眼睛游移在同天的明亮的无边无际融为一体的水的明亮的无边无际"时,他弄不清何处是天涯,何处是水边:"我似在以太中游水,深陷在辽阔的洋里。戏水时,我内心的快活千倍地胜过我融入其中的那种气氛,那种快活是无限的、光明的、不可估量的。"①

要对这样的文章做出心理学的评价,就不可有任何疏漏。人被运载,因为他被支撑着。人朝天飞奔,因为他在幸福的遐想中变得轻盈了。当我们从一种极有活力的形象中受益时,当我以实体,以存在物的生命作想象时,一切形象都活跃起来了。诺瓦利斯就这样从摇晃的梦幻进入支撑的梦幻。在诺瓦利斯看来,夜本身就是一种支撑我们的物质,是摇晃我们生命的海洋:"夜像母亲般地抱着你。"②

---

① 拉马丁:《拉斐尔》,Ⅶ。
② 诺瓦利斯:《夜颂》,译本,第81页。

第六章
纯洁与净化
水之德

> 内心所欲的东西都能归结为水的形态。
> ——P.克洛代尔:《处境与建议》II,第 235 页

I

我并无意全面论述纯洁与净化的问题。这是一个属于宗教价值的哲学领域的问题。纯洁是增值的基本范畴之一。通过纯洁也许可以象征各种价值。在 R.卡约瓦①的《人与神圣》一书中,对这个重大问题有一个概述。本书的目的更狭窄些。我在脱离同惯常的纯洁有关的一切东西的同时,也不

---

① R.Caillois(1913—1978):法国评论作家,随笔作家。——译注

在纯洁的形式惯例上赘述,我特别要指出物质想象在水中发现了最佳的纯洁物质,天生的纯洁物质。水便呈现为一种自然的纯洁象征物;它赋予净化的冗长心理学以确切含义。我要描述的正是这种同物质模式相关联的心理学。

正如社会学家们指出的那样,社会题材正是增值的各大范畴的起因——换句话说,真正的增值具有社会本质;它是由一些欲相互交换的价值,一些具有团体所有成员所公认并确定的价值所构成。但是,我认为还应当注重不为别人所知的遐想的增值,一位躲避社会,要把世界作为自己唯一伙伴的梦幻者的遐想的增值。当然,这种孤独并不是完全的。独处的梦幻者尤其守护着同言语相关联的梦幻的价值;他守护着本族语言特有的诗学。他对物使用的词语使物诗化,并使物在精神领域,在无法完全脱离传统的意义上增值。最富有创新精神的诗人利用大胆摆脱社会习俗的遐想,把来自语言的社会资源的萌芽移植到自己的诗歌中去。然而,形式与词语并非就是整个诗歌。把形式与词语结合起来,某些物质的题材便是必不可缺的。本书的使命正是要证明某些物质把它们梦幻的伟力,那种赋予真正诗歌以统一性的诗学的坚实性移植到我们身心中。如果说事物使我们的思绪变得有条不紊的话,那么,原初的物质使我们的梦幻变得有条有理。原初的物质接受、保存并发扬我们的梦幻。我们不能把纯洁的理想寄于随便什么地方,寄于随便什么物质中。不管净化的惯例有多么强大,它总是寻求一种能象征它的物质。清澈的水对于纯洁的一般象征而言总是一种想要求得的欲望。无需指点,无需社会的商定,每个人都会找到这种自然形象。想象的物理就应当体现这种自然的、直接的发现。它应当仔细地研究物质体验的这种价值属性,这种物质体验其重要性超过了一般的体验。

在本书我所论述的有针对性的问题中,对于我来说,便有一种方法论,我必须将纯洁观念的社会特性放在一边。在此,尤其在这方面,我便极其谨慎地对待神话的素材。只是当我觉得这些素材在诗作中,在孤独的遐想中足有成效时,我才会采用它们。形式和观念会迅速变得僵化,而物质想象却依旧富有活力。唯有物质想象才能不断地激活传统的形象;正是物质想象经久不息地使一些古老的神话形式又有生命。它在改造形式之中又使形式有生命。形式不会自动地发生变化。如果我们见到形式变化,那可以肯定物质想象在形式的作用下开始运作。文化给我们传递了形式——往往传递了词语。倘若我们善于——尽管有文化的作用——重新找回一点自然的遐想,一些面对自然的遐想,那么,我们就会明白象征主义是一种巨大的物质力量。我们个人的遐想很自然地就会形成隔代遗传的象征物,因为隔代遗传的象征物是自然的象征物。又一次证明,我们必须懂得梦幻是一股自然力量。以后我还有机会重谈此问题,没有对纯洁的梦想,就无法认识纯洁。倘若在自然中不曾见到纯洁的显露、明证和实体,就无法有力地梦想纯洁。

II

如果我对神话素材的使用慎之又慎,那么我将拒绝对任何理性认识的参考。把理性原则作为首要的必须,那便无法从事想象的心理学研究。这种往往被掩饰的心理学的真实性,在我本章所论述的问题中会明显地体现出来。

对于一位现代人来说,纯洁水与不纯洁水之间的不同完全理性化了。化学家和卫生学工作者正是这样做的:自来水龙头上挂一块牌子表明水可直接饮用。这样,一目了然,所有的疑义全消除了。一位理性主义者——心理学知识浅薄,经典文化造就了许多这样的人——在思考一篇古文时,对文中的素材做了精确的认识。无疑,他意识到有关水的纯洁性的认识在古时是不完善的。但是他认为这些认识毕竟同十分特别、十分明确的体验是相一致的。在这种情况下,阅读古文往往是接受过分智性的教益。现代的读者经常赞颂古人具有"自然知识"。他忘记了被认为是"直接的"知识包含在一种可能是极人为的体系中;他还忘了"自然知识"包含在"自然"遐想中。想象的心理学家应重视发现的正是这些遐想。当我们阐释古代文明的文章时,我们尤其应当重视这些遐想。不仅要考虑事实,还要确定梦幻的影响。因为,在文学领域中,在看到之前,一切都是被梦想的,即使是最简单的描绘。

譬如,让我们读一下公元前八百年赫西俄德①的这段文字:"不要在河流入海口处也不要在源头撒尿:切记!"②他还说:"也别在那里满足您的其他需求:这也同样有害。"为解释这些告诫,那些追求

---

① Hésiode(公元前八世纪—前七世纪):希腊诗人。——译注
② 赫西俄德:《工作与时日》,译文,第127页。

实用主义的直接性的心理学家们立刻找到了理由：他们想象赫西俄德十分关注起码的卫生教育。好像对于人有一种自然的卫生！甚至有一种绝对的卫生？有如此多的方法保持健康！

事实上，唯有精神分析的解释才能在赫西俄德的告诫中有清晰的见解。佐证就在近旁。我刚才引述的那段文字同他的另一个告诫在同一页上："不要站着，面对太阳撒尿。"这番嘱咐显然毫无实用性的含义。它所劝诫的这种做法不会使阳光失去纯洁性。

由此，对这一段适用的解释对另一段也一样。男性阳刚之气朝着太阳，朝着父亲的象征的抗争之举是精神分析学家所熟知的。那种使太阳免遭侮辱的告诫同样也在捍卫河流。同一种原始的道德法则在此捍卫着太阳父辈的庄严和河水的母性。

这种告诫便成为必须遵守的——现在仍是必须的——这鉴于那种持续的无意识的冲动。对于无意识来说，纯而清的水是对污染发出的召唤。我们的乡间，有多少喷泉遭污染！这并不总是由于乡间漫步者的不悦而产生的十足的恶意所造成。这种"罪恶"远胜过对人犯的过错。它在某些性质上具有渎圣罪的味道。这是对自然——母亲的污辱。

因此，在传说中，人格化的自然力量对粗野路人的惩罚的故事不胜枚举。例如，塞比欧讲的下诺曼底的一个传说："一群仙女突然发现一个在弄污她们喷泉水的粗人，她们便商讨起来：'对那个弄浑我们水的人，您打算如何处置他，我的姐妹？'——'让他变成口吃，说不清话。''您呢，我的姐妹？'——'让他走路时嘴张着，吞下飞来的蝇子。''您呢，我的姐妹？'——'为了表示对您的尊敬，他每跨一步就要放一炮。'"①

这样的故事对无意识来说已失去了它们的作用，失去了梦幻的力量。听了这些故事只是让人对它们的如画美景付之一笑。它们并不能捍卫我们的喷泉。另外，应看到在理性气氛中发展起来的公共卫生的告诫并不能为故事增补新的内容。要抵制无意识的冲动，应当有一种积极的故事，一种寓言在梦幻冲动的轴线上虚构故事。

这种梦幻的冲动，无论在好的方面还是坏的方面都影响着我们的情绪；我们隐隐约约地同水的纯洁和不纯洁的故事交融在一起。譬如，谁不会对肮脏的河流，对被下水道和工厂污染的河流产生一种

---

① 塞比欧：《法兰西民俗》，第Ⅱ卷，第 201 页。

特有的、非理性的、无意识的和直接的反感呢？这种被人玷污的自然的美景激起了我们的怨恨。于斯曼同这种反感与抱怨干了起来，使某些该诅咒时期更可恨，使他描绘的图景变得恶魔般可憎。譬如，他展现了现代的皮耶夫尔河，那条被城市污染的皮耶夫尔河的绝望惨状："这条像破烂衣衫般的河流"，"这条古怪的河流，各种污垢的人工溃疡，这个板岩色的、铅灰色的又脏又潮之处，到处翻滚着泛绿的漩涡，星星点点地布满了浑浊的泡沫，在闸门口发着咕噜声，又呜咽着消失在某垛墙的窟窿里。有些地方，水流像瘫痪了一般，上面是剥落的斑点；水停滞了，接着又搅起了流淌的黑炭般的浑水，又继续它由于淤泥而变得缓慢的步伐。"①"皮耶夫尔河只是一堆活动的粪土。"顺便，我们看到了水在有机的隐喻中所具有的表现。

其他的篇章，通过这种荒谬景象，会显示出同纯洁的水相关联的无意识价值。从纯洁的水，水晶般透亮的水所经历的种种危害中，我们可以衡量出对于小溪流、河流、泉水，对所有这一切自然界的清澈的宝库，对它们的清凉和青春活力的珍爱。我们

---

① J.K.于斯曼：《巴黎素描》，巴黎，1905年，第85页。

感觉到,当清澈和清新的隐喻同直接增值的实体相关联时,它就有着一种可靠的生命力。

III

当然,对于纯洁,那种自然而具体的体验还保留着更为性感的因素,与极目所见之物相比,与不经心的观望之物相比,这些因素更贴近物质梦幻。要充分理解纯洁水的价值,就必须在夏日行走时,因口渴而对葡萄种植工把枝条浸泡在泉水里,对渎神者在喝够了泉水之后又把溪水搅浑从而作乐的行为深感厌恶。种地人比别人更了解纯洁水的价值,因为他深知这是纯洁在遭受危险,因为他还善于在适宜的时机里,在无味的水有股甜味,在整个身心都渴望纯洁水的稀有时光里,喝上那又清又凉爽的水。

同这种平常却又是全身心的快乐相反,我们可以对苦涩的水、不良的水的迥然不同的多样的隐喻心理学做研究。这些隐喻聚合在一种含着许许多多细微差别的反感厌恶中。仅对前科学思维的一般参考,就可使我们理解那种缺乏理性化的不纯洁的本质的复杂性。要先指明,在现在的科学方面情况不同:现在,做一下化学分析,用一个精确的词就能指出不良的水,不可饮用的水。化学分析发现水有缺陷,我们就会说,水含透石膏的,或碱性的,或有杆菌的。倘若水的缺陷累计起来,那些修饰词仍像并列一般;修饰词仍是孤立的;它们是在各自分离的体验中被发现的。反之,前科学精神——如无意识——堆砌形容词。十八世纪的一位作者在细察了不良的水之后,发表了他的看法——他的反感——用了六个形容词:水同时被称为"苦涩的,含硝的,咸的,含硫化物的,含沥青的,令人作呕的"。倘若不算咒骂,这些形容词又是什么呢?这些词更多地适用于对反感的心理学分析,而不是对某物质的客观分析。它们体现着一位饮水人因厌恶而露出的怪相,而不是如科学史家们所设想的那样,体现着经验认识的概括。只有在对前科学研究人员的心理做研究之后,才能很好地理解前科学探求的意义。

我们看到,从无意识方面来看,不纯洁始终是多样的,总是大量的;不纯洁具有多种有害性质。由此,我们会理解,不纯洁的水可能被指为犯有种种坏事。如果对于有意识精神来说,不纯洁的水被当作恶的一般象征,当作外在的象征,那么对于无意识而言,不纯洁的水就是那种积极的、完全内在的、完全实体的象征化的事物。不纯洁的水,在无意识看来,是恶的汇集地,那种向各种恶开放的汇集地;这是一种恶的实体。

因此,我们可把不良的水冠以各种邪恶的总称。可以把它邪恶化;也就是说,通过它,我们可以使恶具有积极的形式。在这方面,人们服从于那种需要实体以理解行动的物质想象的必然性。在这种邪恶化的水中,只需一种标记就足以识别:在一方面,在其某个特性中是不良的东西,在其整体中就变为不良的。

由此,我们就得以解释,最不足道的不纯洁也会使纯洁的水完全贬值。它为邪恶创造了机遇。它很自然地接受了一种做坏事的思想。我们知道,被不健康思想毁于一旦的绝对纯洁的那种道德的公理,由那种已失去少许清纯的水完全地象征化了。当我们细察,入迷地注视水的不纯洁时,审视水就像审视人的内心时,就可指望知晓人的命运。水占卜的某些作法,相近于在倒入蛋白或液态实体的水里浮动着的云状物,呈乔木形,十分地有趣。

有一些混水的梦幻者。他们对沟里的黑水,冒气泡的水,那种在自身实体里露着水脉的水,那种会自己掀起泥漩涡的水感到欣喜不已。此时,好像是水在做梦,水上覆盖着噩梦般的草木。这种梦幻般的草木已由遐想把它引向对水生植物的异乡情趣,一种引导人梦想他处的诱惑,远离日光下的花卉,远离清纯的生活。不纯洁的梦许许多多,它们在水中绽放,似莲花般的大叶面沉甸甸地摊开在水面上。不纯洁的梦许许多多,梦中,熟睡着的人,感到在自己身上,在身体周围流淌着黑泥水,流淌着波纹厚重、满是恶的冥河之水。我们的心被这种黑色的动力搅着。我们瞌睡的眼睛所见是无尽头的黑色,这丑恶的派生物。

纯洁水和不纯洁水的善恶二元论还远不是达到平衡的善恶二元论。道德的天平不可置疑地倾向于纯洁一边,善一边。水倾向于善。塞比欧曾发掘了大量水的民俗,他有感于可诅咒的泉水数量之少,说:"魔鬼很少有同泉水连在一起的,很少的泉水有魔鬼的名称,而大量的则与圣人同名,还有许多有仙女之名。"[①]

---

① 塞比欧:同前,第Ⅱ卷,第186页。

IV

同样不应当过早地赋予通过水实现净化的许多主题以理性基础。净化自身并非仅是简单地洗净自己。我们无权把对清洁的需要作为人在其天生的智慧中所认识到的那种原始需要来谈论。一些很有资历的社会学家会受骗上当。E.泰洛①指出,祖鲁人参加葬礼之后,做多次大净小净,以净化自身,他说:"应当注意到这些做法最终还是具有一种不同于一般的清洁所包含的意思。"②可是,要断言一些做法"最终具有一种"不同于原初意思的"意义",应当对这种原初意思提供资料。然而,往往无法在习俗考古学中把握住那种使一种有用的、合理的和健康的做法发挥作用的原初意思。泰洛给我们提供了一个同清洁无丝毫关系的通过水来净化的例子:"卡菲尔人③,他们洗澡是为了净化身上世俗的污秽,并且不在通常的生活中洗澡。"人们从中

---

① E.Tylor(1832—1917):美国人种学家。——译注
② E.泰洛:《原始文明》,译本,第Ⅱ卷,第556—557页。
③ 生活在非洲东南部沿海一带的居民。——译注

可发现这样的悖论:卡菲尔人只是在他灵魂污浊时才洗澡。人们很容易相信那些对用水来纯化十分在意的民族很关注清洁卫生。泰洛还指出:"虔诚的波斯信徒在净化的原则方面走得很远,为通过大净小净来去除污浊,当他们因看到一个异教徒而被玷污时,就会洗双眼;波斯信徒随身带着满罐水,以便小净大净;然而,那地方由于缺乏最起码的卫生法规,而变得人口越来越少,人们常可看到信徒在水池边上,在他之前已有许多人在池中,他就不得不用手捞去水面上的水泡沫,然后才下水,以确保条文所规定的纯净。"(同前,第562页)这回,纯洁水得以高度增值,以至似乎没有什么可使它变得邪恶。它是一种善的实体。

对某些理性化,罗德(Rohde)所做的自我辩解很糟。他提到那种要把喷泉和河水作为净化之水的原则时,补充道:"把恶带走的力量似久久地存在于从这种流动的水中汲取的水里。在受污染特别严重的情况下,必须在好几处有生气的泉水中净化自身。"[1]"甚至要在14个泉水中才能洗净谋害之

---

[1] 罗德:《普绪喀》,译本,附录4,第605页。

罪。"(Suidas)①罗德并没明白地指出流动的水、喷射的水最初是一种活着的水。正是这种生命,它始终同它的实体相关联,它决定着净化。理性价值——流水带走了不洁之物——太容易被驳倒,以致毫不让人重视它。它是由理性化所导致的结果。事实上,任何纯洁都是实体的。任何纯洁化都应当被视为某种实体的行动。净化的心理学属于物质想象,而不是外在的体验。

对于纯洁水,人们从原初就要求它有一种既积极又是实体的纯洁性。人们通过净化,参与到了一股丰富的、创新的、多性能的力量中去。这股内在深处的巨大力量的最好证明,就是它属于每一滴液体。净化似洒圣水的文章有许多。福塞(Fossey)在他那本《亚述人的魔幻》一书中(第 70—73 页),着重指出这样的事实:在通过水来纯化中,"谈不上浸泡在水里;而是洒圣水,或洒一次,或是重复七次或两个七次。"②在《埃涅阿斯记》③中,"科里内用净水泡过的橄榄枝,枝叶在他的同伴头上绕三圈,在他

---

① 公元十世纪到十一世纪,一位不知名作家编著的拜占庭文学作品用词汇编。

② 圣梯夫引述,同前,第 53 页。

③ 维吉尔作的史诗,共 12 个歌组成。

们身上洒着露珠,使他们纯洁"(《埃涅阿斯记》Ⅵ,第228—231页)。

从多方面来看,洗似乎是隐喻,是明白的表达,而洒圣水则是实际的行为,也就是那种带来行为实在性的行为。洒圣水因此被想象为首要的行为。正是这种行为载负着最大限度的心理实在。在圣诗 L①中,洒圣水的想法作为一种实在似乎远远先于洗的隐喻:"您若用海索草为我浇洒,我就会净化。"希伯来人的海索草是他们所知的最小的花草;贝歇雷尔②说,有可能是青苔作为洒圣水器。几滴水就会给人带来纯洁。先知便唱起:"若您为我洗身,我会变得比雪更白。"这正因为水具有一种内在深处的强大力量,它能净化内在深处的存在,它们重新给予有罪的灵魂以雪的洁白。身体上被洒圣水的人在道德上得以洗净。

在此,并没有什么特别离奇的事实,只是一种物质想象的基本法则的实例:对于物质想象来说,增值的实体,甚至数量极其微小,也能对其他数量巨大的实体产生影响。这是力量的遐想的法则:手

---

① 指《旧约》中的诗篇 50。——译注
② Bescherelle:十八世纪法国语法学家。——译注

心中握着虽然体积很小,却是具有普遍驾驭力的手段。正是在具体形式下,那种掌握了解关键词、不显眼的词的理想,使我们能发现最深奥的秘密。

有关水的纯洁和不纯洁的辩证主题,我们能看到物质想象的这种基本发展在这方面起作用,这便是实体的极为积极的性质的一种保证:一滴纯洁的水足以净化一个海洋;一滴不纯洁的水也足以玷污天地。一切由物质想象所选择的行动的道德意义所决定:如果物质想象梦想恶,它就会散布不纯洁,就会使邪恶的萌芽绽开;如果它梦想善,它就会对纯洁的实体的点滴有信心,就会使纯洁的实体的作善的纯洁性发扬光大。实体的行动被想象为实体内在深处一种有意的实体的变异。说到底,这是人的变异。这种行动便能扭转各种境况,克服各种障碍,打破各种屏障。恶水是会钻营的,纯洁的水是精妙的。从这两种意思上说,水已成为一种意志。所有的通常使用的品质,各种表面的价值归入下一等的特性之列。正是内部在起支配作用。实体的行动是从中心点,从浓缩的意志向四处展开。

当我们思考纯洁与不纯洁的行动时,就会理解那种从物质想象向富有朝气的想象的转变。纯洁的水与不纯洁的水不再仅仅被设想为实体,它们被设想为力量。譬如,纯洁的物质从该词的物理意义上"发扬",即从纯洁性发扬光大;反之,纯洁的物质能吸收纯洁性。它可用来聚集纯洁性。

让我们来看一下德·维拉尔神甫写的《德·加巴利伯爵谈话录》中的一个例子。不错,这部谈话录有一种戏谑的口吻;但有些章节口气严肃;正是在这些章节中,物质想象变成富有朝气的想象。在众多平淡的、毫无梦幻价值的新奇事物中,我们可看到一种使某个奇特物质纯洁性增值的推理。

德·加巴利伯爵如何谈论在天地中游荡的精灵神气?不是用通鬼神的魔法,而是用既定的化学操作方式。他认为,只要将与精灵神气相一致的元素提纯就行。用一面凹面镜,就把阳光之火集中在玻璃球里。所形成的"阳光粉尘——它自己从其他自然力中净化了出来——成为最适合散发在我们身心中火的那东西,并且使我们变成具有火的性质。从这时起,火球的居民成为我们的下属;他们很高兴见到恢复我们之间相互和谐的关系,为我们接近他们而感到欣喜,他们对我们如同对他们的同类一样地友好……"[①]只要太阳之火是分散的,它就

---

① 德·加巴利伯爵:《想象之旅》,第34卷,阿姆斯特丹,1788年,第29页。

不可能对我们的生命之火发生作用。这火的浓缩首先造成它的物质化，然后，它给纯洁的实体以它的朝气。本原的精灵神气被自然力所吸引。做一个简单的隐喻，我们便明白这吸引是一种友好。经过这一番化学活动，就进入了心理学。

同样，在德·加巴利伯爵看来（第30页），水成了吸引山林水泽仙女的"美妙的磁石"。纯净化的水是山林水泽仙女化了的水。它在其实体中是仙女们的物质约会。维拉尔神甫说，"无仪式，无粗野话语"，"无妖魔，无不正当艺术"，通过纯洁的物理学，智者成为本原的精灵神气的绝对主人。要主宰精灵神气，只要变成一位灵巧的蒸馏者。自我们学会"把自然力同自然力分开"，在精神的精灵神气与物质的精灵神气之间便建立起亲缘关系。Gaz（气）一词，从弗拉芒语 Geist 演变过来，这词的运用决定着一种唯物主义思想，这种思想完成了自身的隐喻过程：同源对似词建立在一种同义叠用的基础上。我们不说精神的精灵神气是一种物质的精灵神气，或更简单地说，某种精灵神气是精灵神气的一部分，而是，为分析德·加巴利伯爵的直觉，应说本原的一种精灵神气变成了一种本原。我们便从形容词转入名词，从品质转入实体。反之，当我们完全投入到物质想象中去,从其原初的力量中来想象的物质就会被激发而成为一种精神,一种意志。

V

有一种我们应当把它同清澈的水所启迪的净化梦幻相比较的特征,这就是清凉的水给我们的更新的梦幻。投入水中又获新生。S.乔治在《空中花园》中说,他听到水在耳语:"投入我的怀中,又能从我身心中产生。"要理解为:具有产生的意识。"青春之泉"①是一种很复杂的隐喻,可用长篇专论来研究。我们把在这种隐喻中属于精神分析的东西先放一边,仅限于提出几种极特殊的看法,以说明清凉②这种极明显的身体的感觉,是如何变得远离了其物理基础,以致我们可说秀美的景致,新颖的画,充满新意的文学作品。

当我们说在词的本义和转义之间有着相通之处时,这种隐喻的心理学并未形成。这样的相通只

---

① 神话中重返青春之泉。——译注
② La fraicheur 有清凉、凉爽、新鲜等多种含义,此处取其原义。——译注

会是一种思想意念的结合。它是一种有生命力的感性印象的结合。对于确实体验过物质想象的发展演变的人来说,并没什么转义,各种转义都保留着一些感觉,一些可感觉到的物质;所有的一切就在于确定这种持久的可感觉到的物质。

每个人在家里,在盛着冷水的脸盆里,在充满生机的清晨,都有一个青春之泉。若无这种平淡无奇的体验,青春之泉的诗意情节也许不会形成。凉爽的水唤醒并使脸变得年轻。在那脸上,人看到自己在衰老,他又是多么希望别人看不见他在衰老!可是,凉爽的水使脸变得年轻对别人与对我们自己并不相同。在被凉水激醒的额下,清新的双眼充满活力。凉爽的水又给双眼带来了精神。这就是倒置的原则,它可以解释对水瞻望的、真正的凉爽。变得凉爽的正是这目光。如果通过物质想象我们确实参与到水的实体中去,我们就会投射一种清凉的目光。可见世界给人的那种清凉感觉是被唤醒的人投射于物的一种凉爽的表现。若不利用敏感的投射心理学,就不可能表达出来。在大清早,水在人的脸上唤起了观察力。它使目光活跃起来;它使眼光变成一种行动,一种清楚的、明确的、简易的行动。人十分想把一种青春的凉爽归于自己所看到的东西。扬布利可①说,科洛丰的神示通过水在作预言。"可是,水并不告知神启;它给予我们那种确定的能力并在我们身心中净化光亮的气息……"

光由纯洁的水而纯洁,在我看来,这就是洒圣水的心理原则。光在水边有了新的色调,似乎,当光照着清澈的水,就会更加明亮。T.戈蒂耶②说:"梅佐在位于水潭中央的阁楼里梳理以保持她完美的肤色。"用我们的投射心理学的话,我会说她完美的目光。当我们具有清澈性时,就会以清澈的双眼看景致。景致的新颖是一种看景的方式。当然,景致也应投入其中,应有绿茵和水,但是长期的任务是由物质想象来完成的。在谈到文学想象时,想象的这种直接行动是显而易见的:文笔的清新是最难得的可贵品质;它取决于作家而不是所处理的主题。

治疗的期望自然会同青春之泉的情结联在一起。用水来治疗,从其想象的原则来说,可从物质

---

① Jamblique(约公元 250—330):希腊哲学家,新柏拉图主义者。——译注

圣梯夫引述,同前,第 131 页。

② T.Gautier(1811—1872):法国作家。——译注

T.戈蒂耶:《中篇小说》,"金羊毛",第 183 页。

想象和富有生气的想象这两种观点来看待。对物质想象而言,主题如此明确,只需直言即可:人们把同病痛背道而驰的品德赋予水。人表示出治愈的渴望并梦想着具有同情心的实体。十八世纪把矿泉水和热泉水大量使用于医学治疗上,对此我们就不会有什么惊讶的了。我们很容易看到,这些前科学的做法更是出自心理学而不是化学范畴。这些做法把病人和医生的心理学列入水的实体中。

富有生气的想象更为一般、简单。水的那种富有生气的首要的教益,实际上是初级的:人要喷泉做出的第一个治疗的证明,就是唤醒精力。这种唤醒的最平淡的理由,正是凉爽的感觉所提供的。水通过它凉爽而有朝气的实体,使我们感到自己有力了。在强暴的水那一章中,我们会看到,水能够倍增它的力量的教益。可是,从现在起,我们应意识到水疗法并不只是周边性的。水疗法具有一种中心环节。它唤起神经中心部位。它具有一种道德环节。它唤起人的苍劲生命力。卫生便是一首诗歌。

纯洁和凉爽结合起来,造成一种水的衷情者都能体会到的特殊的快活。感觉和肉感的结合支撑着一种道德价值。对水的瞻望和体验,通过各种渠道将我们带向一种理想。我们不应低估原初物质的教益。这些教益曾深刻地影响了我们精神的早年时期。它们无疑就是一种青春的储备。我们又重新发现它们同我们内心深处的回忆结合在一起。当我们幻想时,当我们确实深陷于我们的梦幻中时,我们就会顺从于某种本原的植物性的和创新的生命。

只有在此时,我们才会意识到青春之水的实体特性,才会在我们自己的梦幻中重新找到出生的神话,找到具有母性力量的水,使人在死亡中,超出死亡而活的水——如荣格所说一样(见前书,第283页),对青春之水的遐想便是那种如此自然的遐想,以至我们不甚理解那些设法把这种遐想加以理性化的作家。譬如,让我们追忆一下 E. 勒南的那个剧:《青春之水》。我们看到这位头脑清晰的作家无能为力经历炼金术士的直觉。他只是限于用寓言来掩饰蒸馏的现代思想。阿尔诺·德·维勒纳夫认为应当取消对他的 eau de vie① 的酒精中毒的指控:"我们那精美而危险的产品应用唇尖来品味。如果用细颈瓶大口豪饮,有些人死了,而我们活着,这难道是我们的错吗?"(第Ⅳ幕)勒南并不知炼金

---

① 烧酒,字面意思是"生命的水"。——译注

术首先属于魔幻的心理学。它接近于诗歌,它更近于梦幻而不是客观体验。青春之水是一种梦幻力量。它不可能成为一位一时玩弄——有多么的笨拙!——过时习俗的史学家的借口。

VI

如本章开头所说,所有这些看法并不从根本上涉及净化与纯洁的关系问题。仅自然的纯洁问题就要求做长篇的展开。让我们限于展示对这种自然的纯洁提出质疑的直觉吧。因此,E.塞利耶在研究加尔梯尼(Guardini)的《礼拜仪式精神》时写道:"譬如,那水,是如此奸诈,水的漩涡,回转,像是在念咒,施魔法似的,水在永久的不安中,它又是如此险恶。而赐福的礼拜仪礼驱除并使在它深处潜藏的恶意变得无害,束缚住它恶魔般的势力,并在它身上唤起更符合它(善的)本性的力量,使它那不可捉摸的、神秘的势力变得循规蹈矩,让它们为灵魂效力,使它身上那股魔幻的、诱人的、坏的东西不能起作用。我们这位基督教典礼的诗人着重指出,不曾感受到这一点的人,便不理解自然:可是礼拜仪礼揭穿了它的奥秘,并向我们显示出它身上蕴藏着同在人的心灵里同样的潜在的巨大力量。"① E.塞利耶指出,水的这种实体的妖魔化观念在深度上超过了克拉格斯的直觉,他的直觉对妖魔般的影响没有如此遥远。在加尔梯尼看来,正是物质本原在其实体中象征着我们自身的实体。加尔梯尼同 F.施莱格尔的直觉是一致的,在施莱格尔看来,狡黠的精神直接地对"物质的自然力"产生影响。在这种观点看来,有罪的灵魂已是一种恶水。礼拜仪礼的行为使水净化,它使相应的人的实体趋向净化。因此,我们看到共同实体净化的主题,即那种从整个自然中铲除恶——在人的内心中的恶,及在事物心中的恶——的需要。因此,道德生活也一样,如同想象中的生活,它是一种宇宙的生活。整个世界都要革新。物质想象在深度上夸大了世界。它在实体的深度中找到了人内心深处生活的各种象征。

因此,我们理解,纯洁的水,作为实体的水,水在自身,从某些想象的眼光看来,它能取得首要物质的地位。它显示为是实体中的实体,对这实体来说,其他各种实体都是一些属性。保尔·克洛代尔

---

① E.塞利耶:《自然之仙女与生活之仙女》,第 367 页。

在《芝加哥的地下教堂》的写作提纲中，认为自己确实在地心中找到了真正的本质的水，那种从实体上说是宗教的水。"如果挖地，就会有水。神圣的盛水盘周围挤着干渴的灵魂，一排又一排，盘底似是湖泊……在此，不是强调水的广泛的象征主义，水主要表示着天……"这个有幻觉的诗人所想象的地下湖便造就出一片地下天……水在其象征主义中，善于把一切都汇聚起来。克洛代尔又说："内心所渴望的一切都能还原为水的形象。"水，各种欲望之最，是名副其实的神赐之物。

这内在的水，这地下湖（从中冒出了祭台），将是被污染的水被滗析的池子。由于它的在场，这水使巨大的城市纯化。它将是一种物质的修道院，不停地在内部深处，在它实体的永久中祈祷着。也许会在神学中找到某种实体的形而上的纯洁性的许多其他例证。我只是记取了同想象的形而上有关的东西。自然，伟大的诗人想象着在深刻的生活中拥有自己天然地位的价值。

第七章

淡水至高无上

对于埃及人来说,任何水都是淡水,
尤其是从河里汲取的水,
也就是奥西里斯神之水。

——G.德·奈瓦尔:《火的女儿们》,第 220 页

I

在本论著中,我仅限于对物质想象发表一些基本上属于心理学的看法,在神话故事中,我只取一些在自然和生动的遐想中能重新具有活力的例子。只有那些不断创新的、尽可能远离俗套的想象的例子,才能解释这种会产生物质想象,即超过形式并达到物质本身的形象的能力。因此,我无意介入一

个世纪以来将神话学家分成两派的那场争辩。正如我们所知,神话理论的这种分裂,在于探讨是根据人还是根据事物来研究神话。换言之,神话是英雄的光辉行为的回忆,还是对世界遭灾难的回忆?

然而,如果所研究的不再是神话,而是神话的片段,也就是或多或少人性化的物质形象,那么争论马上更显出有细微差别,因此感到有必要把极端的神话学理论加以调和:如果遐想依附现实,它就使现实人性化,把它扩大,使它崇高。现实事物的各种特性,一旦被人幻想,它就变成可歌颂的品质。因此,对于水的遐想而言,水就成为温柔和纯洁的英雄。被幻想的物质便不是客观的了,完全可以说,水使自己神化了。

反之亦然,神化论虽有它的普遍不足之处,它还是给共同的物质感觉带来了不寻常人生的连续性和联系。大河虽然其姿态千变万化,最终只有一个归宿;河的源头对河的整个流程负有责任并享有它的功德。河的力量源于源头。想象很少考虑到河的支流。想象想要地理成为一个国王的历史。梦幻者看到逝去的河水就会联想到河流富有传奇的渊源,那遥远的发源地。在自然界的各种伟力中,都有一种力量的神化论。但是,这种次要的神化论不应使我们忘记物质想象的深刻而复杂的感觉论。在本章中,我将尽力阐明在水的心理学中感觉论的重要性。

这种原初的感觉论,为神话中有影响力的形象的自然主义理论提供了论据,并为源头之水对于海洋之水的想象优势找到了理由。对于这样一种感觉论来说,直接感觉的需要,触碰、品尝的需要胜过观赏的乐趣。譬如,饮料的唯物主义可磨灭视觉的唯心论。表面上微不足道的唯物成分能使宇宙学改观。深奥的宇宙学使我们忘记了朴素的宇宙学具有声色之感的特征。当我们给予物质想象在想象的宇宙学中以其正确的位置时,我们就会意识到淡水是真正具有神话色彩的水。

II

海水是一种非人性的水,海水缺少可直接为人服务的可敬的本原。这是一个神话学家过于疏忽的事实。当然,海洋诸神使各种各样的神话学富有活力;但是,还需自问,海洋的神话在各种情况下,在各方面是否可能是一种原始的神话学。

首先,很显然,海洋的神话学是一种地方性的神话学。这种神话学只是沿海居民感兴趣。另外,史学家们,出于逻辑推理,很容易就下断言,沿海的居民必定是水手。无需什么理由,就认为这些人,男女老少,都有关于海洋的实际的、完全的经验。人们并没意识到遥远的旅行,海洋上的冒险经历,首先讲述的是冒险和旅行。对于听旅行者讲述的孩子来说,对海洋的首次体验是叙述类的。海洋在给人以梦想之前,先给人以故事。故事与神话的划分——在心理学上如此重要——在海洋神话学方面给自身招来麻烦。自然,故事最终会同梦幻汇合在一起;而梦幻最后会——很少地——从故事中得到滋养。但是故事并不会加入自然梦幻的虚构力量中去;有关海洋的故事更是如此,因为旅行者的叙述并不会在心理上由听讲者来证实。远方来客撒谎揭不穿。海上的英雄总是从远方而来;从另一天地来;他从不谈论海边的事。大海是离奇的,因为它首先是通过从远方来的旅行者口头表达出来的。海洋使远方变得神奇莫测。而自然的梦幻使人所见的、所触及的、所食的东西变得神奇。在心理学的研究中,人们错误地抹杀了这种粗浅的表现主义——它有害于梦幻和物质想象的本质的印象主义。叙述者讲得太多,反使听者感悟甚少。海洋的无意识从此起是一种讲的无意识,一种分散在冒险故事中的无意识,一种不眠的无意识。因此,它立即就失去了梦幻的力量。与那种围绕着共同体验而梦想并在夜梦中继续白日无休止遐想的无意识相比,它不那么深刻。海洋神话学很少涉及虚构故事的渊源。

当然,我无需赘言教授的神话学的影响力,这种神话学构成了对神话作准确的心理学研究的障碍。这种教授的神话学,始于一般而非个别,以为只要使人明白而无需花力气使人感知。这个世上的每个地方都接受一位指名道姓的神。尼普顿(Neptune)是海洋神,阿波罗管天和太阳。这只是一张词汇表而已。神话心理学家应做努力,重新找到名词后的事物,在叙事和故事之前,先经历原始的遐想,自然的遐想,孤独的遐想,那种接纳各种意义的体验并把我们所有的幻景投射到各种物上的遐想。这种遐想应再一次在辽阔的海洋之前,安置好日常普通的水。

III

陆地之水对海水的优势自然也受到现代神话学家的关注。在这方面,我仅提一下 C. 普鲁瓦(C. Ploix)的研究。这些研究使我感兴趣,因为普鲁瓦的神话学的自然主义最初是一种大范围意义上的、同最普遍的宇宙现象相称的自然主义。这个例子甚佳,足以感受到我的物质想象理论;它反其道而行之,同可见之物和遥远之物相比,它注重于可碰触的和可感知的。

在 C. 普鲁瓦看来,神话的基本故事——各种版本的单调主题——如我们所知,是白天与黑夜的故事。各种英雄是阳光的;所有的神都是光明之神。各种神话讲一个同样的故事:白天战胜黑夜。使神话充满活力的那种激情是各种激情中最原始的:对黑暗的恐惧,黎明终于驱走了不安与焦虑。神话取悦于人,因为神话的结局总是好的;神话结局总是好的,那是因为神话结局如同夜逝去一般:白天取得胜利,善良的英雄,勇敢的英雄,撕去、砍掉了黑幕,消除不安,把生活还给曾在黑暗里、在地狱里受煎熬的人们,这些英雄取胜了。在普鲁瓦的神话理论里,各种神,甚至生活在地底下的神,都会收到一轮光环,这是因为他们是神;他们会参与到——即使是一日、一个时辰——神的欢乐中去,参与到昼夜的行动——总是一种光辉的行动——中去。

同这种总的论点相一致,水神也必然有他的一份天空。既然宙斯主管了蓝色的、明亮的、宁静的天空,波塞冬(Poseidon)①便主管灰蒙蒙的、乌云密布的天空②。这样,波塞冬也在天上的故事中扮演一个角色。烟气云雾就成了尼普顿心理学的原始概念。而正是那些由对水的遐想得以充实的事物在挤压隐蔽在天空的水。下雨的先兆引起了一种特有的遐想,一种植物性的遐想。这种遐想真正地体验着大草原对于甘露的渴望。有时,人就是一种渴望天上之水的植物。

C.普鲁瓦提出许多论据来为波塞冬原初具有掌管天空的论点辩护。这种原初的特性造成波塞冬具有的海洋力量的属性是后来才有的;必定有另一个人物在某种意义上替代了云雾之神,以至波塞

---

① 希腊神话中海神,即罗马神话中的尼普顿。——译注
② C.普鲁瓦:《自然与神》,第444页。

冬才成为掌管海的神。普鲁瓦称:"淡水神和咸水神是同一个人物,这极不像真的。"波塞冬在从天空到海洋去之前,他先从天空到陆地。不久他成了淡水神,即陆地之水神。在特雷才纳①,"人们给他献上大地上初收的果子"。人们尊称他为波塞冬·费达尔米奥斯。他便成为"植物神"。一切植物神灵都是淡水神灵,同雨神和云雾神有着亲缘关系的神灵。

在原始神话中,正是波塞冬使泉水涌现。C.普鲁瓦把三叉戟比作"使泉水涌出的神棍"。这根"棍子"往往同雄性的暴力联系在一起。为保护达那俄斯②的女儿免遭萨堤罗斯③的攻击,波塞冬投出他的三叉戟,这三叉戟插进了岩石里:"在拔出三叉戟时,岩石中涌出了三股水流,这三股水就成了兰纳泉。"我们看到,卜测地下水源的卜棒④的历史十分悠久!卜棒还属于一种十分古老而简朴的心理学!在十八世纪,它被叫作雅各布的芦杖⑤;它的吸引力

---

① Trézène:希腊古城名,现为废墟。——译注
② Danaos:希腊神话的埃及王,波塞冬的孙子。——译注
③ Un Satyre:森林神,半人半兽的怪物,好色。此处也可作好色之徒讲。——译注
④ 卜棒:一般用榛木制成,迷信者认为可用来找水源、宝藏。——译注
⑤ Verge:该词还有男性生殖器之意。——译注

是男性的。即使在今日,各种才华交织,但人们仍很少说"女卜测水源者"。反之,由于水源是由英雄通过极为男性的行动造成的,我们不应感到惊讶,泉水首先是一种女性的水。

C.普鲁瓦最后说:"波塞冬是淡水的。"这说的是一般意义上的淡水,因为乡间成千上万的泉水各有"自己的物神"。波塞冬在他最初的普遍化中便是一位普及泉水和江河诸神的神。当我们把他同海洋联系起来时,我们只是延续了这种普及而已。罗德还指出,当波塞冬主管辽阔的大海时,当他并不再与某条河维系在一起时,他就是一种神化的概念。[1] 此外,这种原始神话学的回忆一直同海洋联系在一起。普鲁瓦说,Okeanos的意思,不应理解成海,而是位于世界之端的淡水大水库(河流)(第447页)。

对淡水的梦幻式的直觉,不顾逆境却依旧常在,还能有更好的说法吗?天上的水,细雨,沁人心脾的泉水给人的教益比海水更直接。正是一种错乱使海水变咸。盐阻止了遐想,甜蜜的遐想,那种最物质的、最自然的遐想。自然的遐想会永远为淡

---

[1] 参见罗德:《普绪喀》,译本,第104页。

水,为令人凉爽、让人解渴的水保持它的优势。

IV

在甘甜方面,正如在凉爽方面一样,我们几乎可以从物质方面注意到使各种柔和的品质成为水的属性的那种隐喻的构成。喝到嘴里感到甘甜的水,在某些直觉中会在物质上变得甘甜。博哈佛的化学研究中的一个实例向我们指明了这种甘甜实体化的意义。

博哈佛认为①,水是非常甘甜的。实际上,"水如此甘甜柔和,以致当它还原到一个健康人的热度,然后把它置于身体上感觉最敏感的部位(眼睛的角膜、鼻膜)时,它不仅不会引起任何痛苦,而且它所产生的感觉无异于我们的体液……在其自然状态中所引起的感觉"。"还有,把它滴在有炎症的神经上时,尽管它对最细微的东西十分敏感,却并不会影响神经。把它洒在溃疡处或是鲜活的肉上……它不会产生任何刺激。""把热水敷在露出的

---

① 博哈佛:《化学元素》,译本,1752 年,第 Ⅱ 卷,第 586 页。

神经上或是因溃疡肿瘤而烂去一半的神经上时,它会使激烈的疼痛平息下来,而不会使之加激。"我们看到这样的隐喻:水会减缓痛苦,因此它是柔和的。博哈佛最后说:"同我们身体的体液相比,它比其中任何一种更为柔和,油类也不例外,尽管十分柔和,却在我们的神经上造成了奇特而且不适的感觉,因为它是黏稠的……最终,水的温柔得到证明:各种刺激体都失去了它们的天生的刺激,而这种天生的刺激使刺激体十分有害于人体。"

甘甜柔和和刺激性在此对味道的感觉已无任何参考意义,进行较量的是实体的本质。在这种较量中,水的甘甜柔和取胜了。这是水的实体特征的标志。①

现在,我们看到了从最初的感受到隐喻所历经的过程。干渴的喉咙,舌头所得到的甘甜感觉是再清楚不过的;但这种感觉同被水软化并溶解的视觉印象无丝毫相同之处。然而,物质想象在发生作用;它会给实体带来原初的感觉。它会赋予水以饮料的各种品质,首先是首要饮料的各种品质。因

---

① 水的甘甜柔和浸润着心灵本身。在《赫耳墨斯·特里梅吉斯特》中(译本第 202 页)说:"过量饮水使心灵温柔,慈祥,易相处,随和并易屈从。"

此,从一种新观点来看,水应是一种乳汁,水应像乳汁一样甘美。在人的想象中,淡水永远是一种享有特殊地位的水。

第八章

狂暴的水

我们时代的可悲倾向,

就是设想自然便是退想,是懒散,是懈怠。

——米什莱:《山》,第 362 页

海洋充满恐惧。

——杜·巴尔达

I

当我们还富有朝气的心理学以公道时,当我们开始区分——如我在对水和土的构成的论述中所做的那样——各种物质(根据这些物质所需求的人的劳作)时,我们很快就会理解,实在只有在人类的活动具有足够的进攻性,具有智慧的进攻性时,才可能确实地在人的心目中形成。于是,世上的万物都接受了它们的对立系数。这些活动的细微差异,在我看来,并没有通过"现象学的意向性"充分表达出来。现象学家们的例证并没有充分显示出意向性的紧张度;这些例证太"形式",太智性。体现形式而非力量的客观化理论缺少一些强度和物质的估量原则。必须同时具有形式意向,富有朝气的意向和物质意向才能从力量、抗力和物质上,也就是全面地理解物。世界既是我们时代的镜子,也是我们力量的反应。如果说世界是我的意志,那么它也是我的对手。意志越强大,对手也越强大。要理解叔本华的哲学,就应为人的意志保留住它原初的特性。在人与世界的斗争中,并不是世界先下手。我们就会理解叔本华的教诲,就会确实把《作为意志和表象的世界》中的智性表象和意志相结合,并宣布这样的公式:世界是我的挑衅。我理解世界,因为我以我的切入力,以我的受控制的力量,在我的有正确层次的进攻中突然掌握它,作为我的快活的恼怒,我的始终是胜利的恼怒的成果。存在作为力量的泉源,它是一种先天的恼怒。

从这种活动主义的观点来看,四种物质本原就是四种不同型的挑衅,四种类型的恼怒。反之,如果心理学确实关心我们行动中的进攻性,它就会在物质想象的研究中找到恼怒的四重根源。它会从中把客体的行为视为主体在表面的爆发。它会把一些本原用来象征阴险的或狂暴的、固执的或报复的恼怒。若无足够丰富的象征,无大量的象征物,又怎么希望在心理学的调研中实现高度敏锐的精神呢?倘若我们对力的遐想的成功的各种不同的客观时机毫不关心的话,又怎么使人理解这种从未得到满足,也永不会厌倦的力的遐想的回归和重复再来呢?

如果说挑衅是理解我们认识世界的积极作用的一种必不可少的概念,这是因为我们用败绩是从事不了心理学研究的。用一种平静的、被动的、安稳的知识,我们不会即时认识世界。所有的有建树的遐想——都在克服逆境的期望中,在战胜对手的前景中取得活力。只是在创造一部对对立的因素取得令人自豪的胜利的心理学史的过程中,我们才会取得客观概念的至关重要的、有力的、实际的意义。正是自豪赋予存在以富有朝气的统一性,正是自豪建起并延伸了神经纤维。正是自豪赋予生命冲动以它的笔直的轨迹,也就是它的绝对成功。正是这种必胜无疑的感情赋予反应以箭一般的飞速,主宰一切的欢悦,穿透实在的雄性的快活。那种胜利的生动的反应有条不紊地超过了它的先前的意义。它走得更远。它如果只是同先前的行动同样远,那么就会是机械的,就会是兽性化。那种具有人类特征的自卫反应,那种人类精心准备、保持高度警觉的反应是一种以攻为守的行为。那种攻击意愿使这些反应永葆活力。这些反应是对污辱的回答,不是对感觉的回答。我们不要误解:污辱人的对手并不必定是人,事物已经在向我们询问。反之,人在自己大胆的经历中,粗暴地对待现实。

如果我们采用通过挑衅,通过攻击事物的那种需求,通过进攻性的劳作而被激活的人的反应的逆遗传定义,那么就会理解对四种物质本原的胜利都特别地有益于身心健康,使人振作并富于创新。这些胜利确定了四种类型的健康,四种类型的气魄和勇气,它们能够根据不同的举止,体现出比四种气质理论也许更重要的特征。那种以行动对其发生作用的物质为标志的积极的卫生——又如何不把首要地位给予行动对其发生作用的物质,给予经过加工的物质呢?——便自然而然地在自然生活中具有四重根源。四种本原极富生气地(胜过从物质上)详解了四种类型的疗法。

II

为很好地使人感受到在由被战胜的物质本原所引起的举止和健康的征服中的差异,我将研究对被克服的逆境的尽可能近的感觉,同时仍让这些感觉保持它们自身的深刻的物质标志。这就是迎风步行者的兴奋和迎浪游水者的兴奋的两种情况。

在本书中,我的目的是为文学创作的心理学做一份贡献,就让我选两位文坛主将来阐述我的看法:步行者尼采,游水者斯温伯恩①。

尼采通过长距离走山路,在山巅风口生活的方法,耐心地培养锻炼自己的力的意志。在山峰上,他喜欢旷野岩石的粗糙的神性。②

在风中思考;他把步行变成一种斗争。胜过于此,步行是他的斗争。正是步行表现出查拉图斯特拉有力的节奏。查拉图斯特拉不坐着说话,他不在漫步时说话,像逍遥学派的信徒那样。他边有力地

---

① A.C.Swinburne(1837—1909):英国诗人,评论家。——译注
② 《瞧,这个人》中的诗歌,H.阿尔贝译,第183页。

步行,边发表自己的学说。他冲着四面八方发表自己的学说。

何等平易的气魄!迎着风,斗争几乎永不会遭遇失败。一阵劲风刮来会吹倒的风中英雄也许是一群被战胜的将军中最可笑的一个。向风挑衅的英雄不会接受芦苇的格言"我弯身但不会折断",因为,这是一种被动的格言,一种要人等待,要人在强力面前屈服的格言。这不是行走者的积极的格言,因为无畏的行走者弯腰向前走,面对着风,迎着风。他的手杖刺破暴风,把地打出洞来,砍断狂风。富有生气的行走者在风中是芦苇的反面。

不再有忧虑:寒风中的哭泣是最人为的、最外在的、最不忧伤的哭泣。这并不是女性的泪。战斗的行走者的泪水不是苦难的那种泪水,这泪水是狂怒类的泪水。它用怒气来回答风暴的怒吼。被战胜的风来擦干这些泪水。如邓南遮所说,行走者在战斗的冲动中呼吸到了"暴风的硫黄味"。风暴中,行走者披着有褶皱的宽大衣服,他如同萨莫特拉西胜利女神①一般!他即是一面三角旗,一面旗帜,一

---

① 卢浮宫藏品,一位长翅膀的胜利女神站在战船的头上。——译注

面军旗。他是勇气的标志,力量的表现,大地的占领。狂风吹打的大衣是一种固有的旗帜,是风中英雄的不倒的旗帜。

迎风行走,在山上行走,肯定是最有助于克服卑下情结的训练活动。反之亦然,这种并无目的的行走,这种如同纯洁诗歌一般的纯洁的行走,给人以力的意志的持久而即时的感觉。这行走是散漫状态的力的意志。伟大的羞怯者是伟大的行走者;每跨一步,他们就赢得象征性的胜利;每一下手杖触地,就是对他们的羞怯的回报。远离城市,远离女人,他们寻求山巅上的孤寂:"远离吧,我的朋友,躲到你的孤独中去吧。"①远离同人的争斗,重新找回纯洁的斗争,针对本原的斗争。在同风的斗争中学习斗争。查拉图斯特拉结束时说:"躲到那狂风呼啸的山顶上去。"

III

现在让我们来看一下双连画的另一幅画面。

---

① 尼采:《查拉图斯特拉如是说》,译本,第72页。

在水中,同在风中相比,胜利更为稀罕,更危险,也更值得赞扬。游水者征服了一个对他的天性更为陌生的本原。年轻的游水者是一位早熟的英雄。再说,哪一位有经验的游水者开始时不是一位年轻稚嫩的游水者?游水的最初联系是一种对恐惧的征服战。行走却无此种体现英雄主义的门槛。另外,除了这种对新遇到的本原的恐惧之外,还有对指导者的某种惧怕,他往往会把自己的学生推进深水中去。我们不会感到惊讶,一种清淡的俄狄浦斯情结呈现在游泳指导者所扮演的父亲角色中。据传记说,埃德加·坡在六岁时惧水,可他后来成了一位无畏的游水者。与某种被克服的恐惧相对应的总有一种自豪感。波拿巴特夫人引了埃德加·坡的一封信,信中诗人抒发了他的泳者的自豪感:"我倒不想穿越多佛尔和加莱之间的加莱海峡做一些非凡的事情。"她还讲了一些情况,埃德加·坡又想起了早年往事,他扮演过严厉的游泳指导的角色,游水者前辈的角色,把海伦的儿子,那位亲爱的人的儿子推入了波涛里。另有一个小孩也以同样的方式接受过启蒙;这种办法几乎是险象环生,埃德加·坡马上跳入水中救起他的学生。波拿巴特夫人最后说:"除了这些以各种方式涌现的回忆外,又增添了从无意识深处冒出的取代父亲的深刻的俄狄浦斯欲望。"①当然,在坡的作品中,俄狄浦斯情结还有更重要的源泉,但有趣的是看到无意识使父亲形象倍增,各种启蒙形式提出了俄狄浦斯式的问题。

然而,埃德加·坡的水的心理现象仍是非常特别。我刚才在坡的身上所把握到的积极因素——游泳的指导者,并不能主宰那种忧郁的因素,后者在坡的诗学中仍然是对水的直觉的主要特征。因此,我找到另一位诗人来阐明游泳的阳刚之气的体验。这便是斯温伯恩,他使我能表现狂暴的水中英雄。

有关斯温伯恩同水的诗歌有关的思想与形象,可以写上许多篇幅。斯温伯恩的童年是在水边度过的,就在怀特岛上。他祖父母的另一块地产离纽塞 25 公里,在水泽之乡中占有一片很大的面积。这块地产以布莱斯河为界②:领地自有"天然界线",那是何等惬意! 童年时期的斯温伯恩便体会到了最甜美的拥有:有一条属于自己的河。确实,河水

---

① 波拿巴特夫人:同前,第Ⅰ卷,第 341 页。
② 拉富卡德:《斯温伯恩的青年时代》,第Ⅰ卷,第 43 页。

的形象就属于我们;它中就有我;我中就有它。斯温伯恩明白了,他属于水,属于海。在对海的感激中,他写道:

"我的心紧紧依恋着滋养我的海,绿色的,飞沫四起的拉芒什海峡;大海为我敞开了宽宏大度的胸怀,为我吟唱起了最庄严的情歌,它要太阳为我更慷慨地发出光芒,它为我吹响了猛烈的号角,那声音在我听来是如此温和。"

P.德·勒尔(de Reul)承认这一类诗歌的重要意义。他写道:"诗人并不仅仅通过隐喻,自称为海洋和空气之子,赞颂自然景观,它造就了生命存在的统一,把孩童与青少年,把青少年同成人联在一起。"[1]P.德·勒尔在注释中引了《塞莫多斯的庭院》中的诗:

> 地上生长的一切,对我来说都比不上海洋,欢快的风,天空和有生命的空气更亲切。喔,大海,你对我来说比爱的贪欲更亲切,你是我的母亲。

---

[1] P.德·勒尔:《斯温伯恩的作品》,第93页。

当本原的召唤回响起来时,各种事物,各种形式,自然界的彩色缤纷全失散,隐没,还有比这更确切的说法吗?水的召唤在某种程度上,索求着完全的奉献,内在深处的奉献。水需要有居住者。它如故土一样在召唤着。拉富卡德(Lafourcade)(同前,第Ⅰ卷,第49页)引述了斯温伯恩写给 W.M.罗塞蒂(Rossetti)的一封信,信上说:"我无法身在水上而不想入水中去。"看到水,就是想身在"水"中。斯温伯恩在52岁时,还说着他的激情:"我像孩子那样奔跑,脱掉衣服,跳入水中。这只是几分钟的时间,而我已登了天!"

让我们马上来看一下游泳的这种富有朝气的美学;同斯温伯恩一起听一听水的积极的盛情。

瞧,跳起来,跃出去,首次跳跃入大海:"至于海洋,海盐该在我出生之前就在我的血液中。我想不起先于这样的乐趣:父亲双臂抱着我,在他手里晃着,然后像一块投石一般向空中抛去,我喊着,幸福地笑着,头先进了涌来的浪里——这样快意只能由一个很渺小的人物深深体会到。"①这是一个启蒙教育的场景,对此,还未有十分准确的分析;根据斯温

---

① 拉富卡德引述,同前,第Ⅰ卷,第49页。

伯恩的陈述,看不出有受苦和敌对的理由,却具有初次享受欢乐的品质。斯温伯恩 38 岁时在给友人的信中说:"我回想起来自己曾经惧怕过其他事,但从来不是大海。"这种说法等于是忘记了首次严重事件,那种总是同首次行为相联的严重行为。这就是把启蒙的盛典——它在回忆本身中掩饰了受启迪者内心深处的恐怖——当作实体的快活来接受。

事实上,跳入大海,胜过其他任何一种身体的动作,更能复苏那种危险启蒙的回声,那种敌对的启蒙的回声。这种跳跃是人们能够体验到的跳入未知中的唯一准确的、合理的形象。并不存在其他跳入"未知中"的实际的跳跃。跳入未知中就是跳入水中。这是初学游泳者的第一次跳跃。当"跳入未知中"这样抽象的说法在现实的体验中找到了自身独一无二的理由时,这就充分体现出这种形象的心理学意义。文学评论对于形象的现实因素不够重视。根据这个实例,我觉得使人理解到像"跳入未知中"这样的说法如此具体的使用可能接收到何种心理影响——当物质想象把这种说法归还本原时,一个被抛投的人,在这方面很快会有一种新体验。如果物质想象对这种体验进一步提炼,那么它就会打开一个崭新的隐喻领域。

让我们给启蒙恢复其名副其实首次的、真正激动人心的特点。当孩子脱离父亲的双臂,"像投石一般"被抛进未知中时,孩子一开始只会有那种苦涩的敌对感觉。孩子觉得自己是"一个渺小的人物"。那个笑的人,那个发出嘲笑、伤人的笑、启迪者笑声的人,正是父亲。如果孩子发笑,那是一种勉强的笑,不自在的笑,是一种极复杂的神经质的笑。经过较量,孩子的笑声又变得爽朗,恢复过来的勇气掩盖起了最初的反抗;轻巧取得的胜利,受到启蒙训练的快活,像父亲一样成为水中的生命的那种自豪,使"投石"无怨言。游泳的幸福快乐抹去了最初受屈辱的痕迹。E.道尔斯清楚地看到了"水中笑声"的多种价值特征。当导游向人们介绍萨尔茨堡附近的海尔布伦宅第,让游客欣赏珀耳修斯和安德洛墨达①喷水池时,一个隐蔽的机关喷出了"百股水",把游客从头到脚浇淋透。E.道尔斯深感"恶作剧的笑与受害者的笑"并不是相同格调。他说:

---

① 珀耳修斯:希腊神话中的英雄,宙斯之子。安德洛墨达:埃塞俄比亚公主,因触犯仙女,被绑在海边岩石上。珀耳修斯救出她,并同她结为夫妇。——译注

"突遭水淋是一种自我受辱的运动的变种。"①

斯温伯恩在原始的感觉方面也曾上过在一生中积累起来的印象的当:"欲望胜过勇气,吸引了他,并把他与水的艰难体验维系在一起。"他并不清楚欲望与勇气的确切构成情况。他并不清楚游泳者屈从于表现勇气的欲望时,回想起自己早年的那些勇敢行为,而当时欲望尚无。在一种像游泳那样的力的体验中,从欲望到勇气之间并无交替轮番出现的情况,有的是所有者的有力的行动。就像许多前精神分析时期的心理学家们那样,斯温伯恩倾向于一种过分简单化的分析,这种分析玩弄欢乐与痛苦,就像同一些孤立的、分离的、相反的实体打交道。游泳具有双重意义。首次下水是一种悲喜剧。

G.拉富卡德十分欣赏狂暴的体感的快活。在他富有成效的研究的总体中,他赋予众多的精神分析的主题以应有的地位。按照他的论点,我尝试着把海洋体验的富有朝气的特征做个分类。我们将会看到客观生活的各因素是如何象征内心生活的诸因素的。在游泳这种肌肉活动中,出现了一种特

---

① E.道尔斯:《戈雅传》,译本,第153页。

别的双重性,它使我们识辨出一种特殊的情结。这种情结归纳了斯温伯恩的诗学特点,我主张把它叫作斯温伯恩情结。

一种情结总是某种双重性的结合点。环绕着某情结,快活与痛苦随时准备交换它们的热忱。在游泳体验中,我们便能看到累计着有双重意义的二元性。譬如,冷水,当游泳者勇敢地战胜了它,就会给人一种热的流动的感觉。由此会产生一种特别的令人振作的凉爽之感。斯温伯恩说:"海水的滋味,浪的吻是苦涩而凉爽的。"可是,正是这种作用于力的意志的双重性在主宰一切。如 G.拉富卡德说:"大海是一个想设法取胜可又必须战胜的敌人;这海浪是必须迎战的锤打;游泳者感觉到自己以整个躯体在抵挡敌人的四肢。"[①]让我们思考一下这种极其准确的人格化的特别性质吧!在见到格斗者之前,先见到了争斗。更确切地说,大海并不是我们所见到的躯体,甚至不是被紧抱的躯体。这是一种富有朝气的境遇,它同我们的冒犯的进取心是相应的。即使当视觉形象从想象中凸显并给予"对手的四肢"以外形,还必须承认,这些视觉形象是属于

---

① 拉富卡德:同前,第Ⅰ卷,第50页。

第二位的,是次要的,出于那种向读者表达一种在本质上富有朝气的形象的必要,而这种富有朝气的形象是第一位的、直接的,它属于富有朝气的想象,属于勇敢行为的想象。这种在根本上富有朝气的形象就是一种在自身的斗争。游泳者比任何人都有权说:世界是我的意志,世界是我的挑衅。是我在搅动大海。

为感受这种"在自身的斗争"的滋味,热情,刚强有力的快意,我们不要太快做出结论;我们不要太快结束练习,游泳者正在享受自己的成绩,在有益于健康的疲劳中找平静。为标志这种富有朝气的想象,让我们在行动的初期阶段把握住它;即使,当我们想构建起"纯粹游泳"的形象,把它当作"纯粹的有朝气的诗歌"的特别类型时,也让我们对渴望着下一回壮举的游泳者的骄傲做一下精神分析。我们会发现他的思想是一种有形象的挑衅。在他的遐想中,他在对大海说:"我再一次迎着你去游水,我要争斗,我为自己新生的力量而自豪,我充分意识到自己拥有用不完的力气对付你无际的波涛。"意志所幻想的这种功绩——这就是诗人们对狂暴的水歌唱的体验。这种体验,更多的是预感而不是回忆。狂暴的水是勇气的显示图。

拉富卡德有点过分迅速地直奔经典的精神分析情结而去。这些一般的情结,应当由心理学分析重新去发现它们:所有复杂的特征实际上都是原始的情结的产物,而原始的情结只有当它们在宇宙的体验中,具备了绚丽多彩的特征,并在客观美中体现出来而变得具有自己的特色时,才会有外形的美。如果说斯温伯恩的情结发挥了俄狄浦斯的情结,那么,背景肯定应同人物相称。因此,只有在天然的水中游泳,在湖中,在河流里游泳,才能由于各种复杂的力量充满生机。La piscine(游泳池)——这名词取得滑稽可笑——不会赋予情结的训练以其真正的境况。它也有悖于孤独的理想,而这种理想对于宇宙挑战的心理学来说如此重要。要很好地投射意志,就应是孤独一人。意志刚强游泳者的诗歌是孤独的诗歌。游泳池永不具有基本的心理因素,而这种因素使游泳在道德上变得有益身心健康。

如果说意志提供了游泳诗歌的主旋律,那么敏感自然有其作用。正由于敏感,在对付水的斗争中成与败的双重性寓于痛苦与快活的经典的双重性中。另外,我们会看到这种双重性并不是平衡的。疲劳是游泳者的命运:虐待狂必将让位于受虐狂。

在斯温伯恩的作品中,在对狂暴的水的崇扬中,虐待狂与受虐狂是相混杂的。斯温伯恩对浪说:"我的双唇欢庆你唇边的飞沫……你柔情而急迫的吻如酒一般香醇,你宽阔的怀抱如痛苦一般尖利。"可是,有时,这位敌手凶猛无比,此时,受虐狂就按兵不动。此时,"每个浪让人痛苦,每个波涛像鞭子一样抽打。""海浪的鞭打从肩到双膝留下了痕迹,把他抛向岸边,周身被海的鞭子抽红。"用这样的经常反复的隐喻,拉富卡德正在诉说受虐狂极典型的鞭打的双重意义的苦难。

倘若我们现在指出,这种鞭打出现在一种叙述的游泳中,也就是说如一种隐喻的隐喻,那么我们就会明白文学的受虐狂,潜在的受虐狂是什么了。在受虐狂的心理实在中,鞭子抽打是享受的先决条件;在文学实在中,抽打只不过像是一种后果,一种极度幸福的结果。大海抽打着被它战胜并抛向岸边的人。但这种倒置不会让我们上当。快乐与痛苦的双重性深深影响着诗歌,正如它影响着生活一样。当诗歌找到了具有双重意义的激动人心的调性时,我们就会觉得它是某个富有价值时刻的多重回声,而正是在这个时刻,世上的善与恶交织在诗人的内心之中。想象再一次使个人生活中的微不足道的事情上升到宇宙的高度。想象通过这些起主导作用的形象变得有生气。斯温伯恩诗学的很大一部分可以从海浪抽打的主导形象中得到解释。因此,我认为我们完全有理由记住斯温伯恩这名字,用来指一种特别的情结。斯温伯恩情结,我确信,将会被所有的游泳者所公认,尤其是那些讲述他们游泳经历,把他们的游泳当成一首诗的人所公认,因为这是游泳的诗化情结之一。因此,这情结将是用来标志某些心理状况,某些诗歌的有益的阐释主题。

拜伦也许可以成为类似研究的对象。他的作品有大量的格言是属于一种游泳的诗学。这些格言提供了基本主题的许多变种。正如在《两个福斯加利》中,可看到:"多少次,我用有力的双臂,划破波涛,用我无所畏惧的胸膛迎击它的抵抗。用迅捷的动作,把潮发甩向后……我蔑视地拨开浪花。"[①]头发往后甩去的动作,只对于拜伦来说意味深长。

---

① P.勒尔引自《从华兹华斯到济慈》,第188页。

这动作是一种决定时刻,接受斗争的标志。头的动作表明一种成为运动之首的意志。游泳者确实面对着浪涛,拜伦在《哈洛德骑士》中说:"海浪认出自己的主人。"

当然,除了刚才在本段中所研究的猛烈而积极的游泳之外,还有其他类型的游泳。水的完全的心理学能在文学中找到游泳者与波涛之间有朝气的融洽的篇章。譬如,J.查邦梯耶(Charpentier)谈到柯勒律治①时说:"他沉湎于自己梦幻的迷惑中;他欢悦地舒展着,像海水中轻盈漂游着的水母,沉降时鼓起来似要同海水的节拍相配,用它浮动的伞形花抚慰海流……"②J.查邦梯耶通过这种极富朝气的、忠于物质想象的形象,使我们得以理解那种正处在被动与积极,浮动与冲动(这种冲动同摇曳中的遐想结合在一起)边际上的柔软而有容量的游泳,因为在无意识中,一切都近似。这种形象便是柯勒律治式的巨大真实性。柯勒律治在 1803 年不是写信给韦奇伍德(Wedgwood)说"我的身心中充

---

① S.T.Coleridge(1772—1834):英国诗人。——译注
② J.查邦梯耶:《柯勒律治》,第 135 页。

满着滚动,翻卷而去的浪潮,像是并无共有主人的东西一般……"吗?这就是不善于向世界挑衅的人的梦幻;这就是一位不善于向大海挑衅的人的游泳。

在这方面,更深入的研究可使我们领会到从游泳类型到鱼池形的变形过程。这样,应当编一部想象的鱼类的自然史。在文学作品中,这种想象的鱼类并不多见,因为我们对水的富有朝气的想象甚为贫乏。狄克在他的《水中人》故事中想追踪一个许给原初之水的人的变形。相反,吉罗多[①]的《女水精》有悖于神话的真诚,并无深刻的梦幻的体验。因此,可以看出吉罗多好像从一种游戏中摆脱出来一样,这游戏很快让他对"鱼的隐喻"感到疲惫。他未能实现从隐喻到变形的过渡。要一条美人鱼做舞蹈一字开的动作,只是一种静态的、形式的玩笑而已,它同水的有活力的想象并不相一致。

由于情结心理学往往通过对一些减弱的或是派生的情结的研究得以明确表达,因此我要研究一些斯温伯恩减弱的情结。事实上,对海洋的挑战也有冒充好汉者。譬如,对海岸边的挑战更容易,因

[①] J.Giraudoux(1882—1944):法国作家。——译注

此更可滔滔不绝地讲述。这挑战指的是由各式各样美学成分装饰起来的潜在的斯温伯恩情结。因此我要研究一下遐想和水的文学的新的方面中的几个。

IV

还有什么主题比海的愤怒更加平淡无奇的吗？平静的海面一下子怒涛冲天。大海轰鸣，咆哮起来。大海接受了各种狂怒的隐喻，种种疯狂的动物的象征。大海舞动着狮鬃。海水的飞沫就像"海中怪兽的唾沫"，"爪子上沾满了水"。雨果在《海上劳工》中写出了精彩的风暴心理学[①]。在这些篇章里，雨果运用了各种各样的隐喻，他相信是能被理解的。因为愤怒的心理学在本质上是最丰富、最有细微差别的一种。这种心理学从虚伪和怯懦直到犬儒主义和罪恶。在愤怒中，要抛射的心理状况的量远远大于在爱之中。因此，平静友善的海的隐喻远比不上恶劣的海洋。

---

① V.雨果：《海上劳工》，"与巨章鱼的斗争"。

我想在这些篇章中归纳出有活力的投射的原则,因此,我只尝试着研究狂暴的投射的十分确定的情况,尽可能地排除视觉形象的影响,同时遵循某些参与到宇宙有活力的内在深处中去的态度。

譬如,巴尔扎克在《被诅咒的孩子》中多次向我们展示了同海洋有朝气的生命力完全相通的心灵。

埃梯耶纳,那个被诅咒的孩子可以说是许给了大洋的狂怒。在他出生时,"可怖的风暴在壁炉口吼着,壁炉又发着阵阵轻呼声,带来一股阴沉的感觉,壁炉宽敞的烟道使它同天空相沟通,以致炉中燃着的柴火像在呼吸一样,熊熊发光又随风逐渐熄灭。"①一幅奇异的景象:烟道像粗糙而无终了的咽喉一般,笨拙地——显然是一种有意的笨拙——使风暴狂怒的呼吸理性化。海洋用这种粗鲁的方法把它的预言送到了最封闭的房间里:降生在这个可怖的风暴之夜里,被诅咒的孩子的一生便永远打上了致命的烙印。

小说的核心,巴尔扎克要向我们吐露他内心的

---

① 巴尔扎克:《被诅咒的孩子》,新书店出版社,巴黎,1858年,第3页。

想法:从斯韦登堡①的意义上讲,在一种狂怒的本原的生命与一种不幸的意识的生命之间,有着相通之处。"他已经多次发现在他的激动情绪与海洋的风暴之间有着神秘的沟通。他的秘术使他具有预知物质思维的本领,这种预知使这种现象对于他来说比其他人更有说服力"(第60页)。还能如何更清楚地看到物质拥有思维、遐想,物质不限于在我们身心中思索,在我们身心中梦想,在我们身心中受苦难?我们也别忘记,被诅咒孩子的"秘术"并不是灵巧的魔术;它同浮士德的"造诣精深"的科学无共同之处。这既是一种模糊的预知,又是一种对自然力的内在深处的生命的直接认识。这种秘术并不是在实验室里做实验所取得的,而是面对自然界,面对大海,在孤独的沉思中取得的。巴尔扎克接着说:"在他最后一次去看他母亲的那个致命的夜晚,大海掀起风浪,他觉得离奇。"这还要指明,离奇的风暴是一位在心理上离奇的观望者所见到的风暴吗?确实,从宇宙到人,有着一种离奇的相通,一种内在的、内在深处的、实体的沟通。沟通在稀有的、庄重的时刻才形成。内心深处的沉思产生了一种

---

① Swedenborg(1688—1772):瑞典神秘主义宗教家。——译注

可揭示世界内在深处的静观。闭目沉思和张大眼睛静观在瞬间有了相同的生命力。心灵在事物中受苦难;同心灵的悲伤相通的是海洋的凄惨:"水的翻动表明海在内部被折磨;巨浪使大海膨胀起来,发出凄凉的像悲伤的狗呜咽一般的声音。埃梯耶纳惊讶地对自己说:'它要我做什么?它在劳动和抱怨着像一个有生命的造物!'我母亲常对我说,在我出生的那个夜里,大海正经受着可怕的抽搐。我会遇到什么?"悲剧性降生的抽搐便上升为大海无比强大的抽搐。

沟通变得越来越发展。"由于不断地寻找另一个他能与之吐露自己心事的自己,并且这另一个自己的生活能成为他的生活,他最终同大海融合在一起。大海对于他已是一个有活力的、会思考的存在……"(第65页)如果在这段文字中只看到一种平淡无奇的泛灵论,或者仅仅是一种文学手法,用人物来使背景变得生动,那么我们就不会理解这段文字的含义。巴尔扎克要找到一些极少被注意到的心理的细微差别,以至这些细微差别的新颖便成了实际心理观察的保证。我们应把这些细致入微的差别,当作对有朝气的想象的心理学极富教益的指教。

我们看到力量的意志登台了。在埃梯耶纳和大海之间,不仅有着那种模糊的融合,软绵的融合。他们之间尤其有着那种愤怒的融合,那种直接的、狂暴的可逆转的沟通。风暴的客观征兆,对于被诅咒的孩子预言风暴来说似乎不再是必不可少的。这种预言并不是符号学层次上的问题;它是心理学层次的。它属于愤怒的心理学。在两个发怒的有生命之物之间,最初的征兆是一些不足道的小事——不会骗人的不足道小事。还有什么对话比两种愤怒的对话更亲密的吗?愤怒的那个我和那个你在同一时辰,同一种平静坦然的气氛中降生。在他们最初的迹象中,他们既是直接的也是遮掩的。愤怒的我和你一起过着他们沉闷的生活,他们被掩饰起来,也是外露的,他们的虚伪是一种共同的机制,几乎是一种约定的礼节。最终,愤怒的我和你同时爆发了。如同战争号角一般。瞧,他们是一个调门。在被诅咒的孩子和大海之间,建起了同一种愤怒的图表,同一等级的狂暴,同一种力的意志的和音。埃梯耶纳"在大海发怒时,感到在他的身心中掀起了一场真正的风暴;在尖利的呼啸声中,他怒气冲天地呼吸着,他奔跑着,巨大的泪珠成串地摔碎在岩石上,他觉得自己勇敢无比,像大海那样令人可畏,他像大海一样,神奇地反弹起来;他保持郁闷的寂静,他模仿着大海突如其来的宽容"(第66页)。

巴尔扎克在此找到了一种体现某个个别行为的一般性的实际的心理特征。事实上,有谁不曾见过海边懒散的孩童对着海发号施令?孩童估量着,在海浪退却时发出自己的号令。他使自己的力的意志同把海涛推向沙滩又退走的波的周期保持协调。他在自己内心建起一种巧妙地带着节拍的愤怒,在这愤怒中,易防卫和无往不胜的攻击相互交替而来。大胆英勇的孩子追赶着退走的海浪;他向远去的敌对的大海发出挑战,他戏弄着,躲开那又席卷而来的浪涛。人的各种争斗都以这种儿戏为象征。几个小时中,向着波涛发号令的孩子为潜在的斯温伯恩情结、陆上人的斯温伯恩情结提供食粮。

我觉得,一旦斯温伯恩情结的各种形式被孤立起来,文学评论将会对那些极富特征的篇章更为重视。米什莱以他惯常的心理学的深度,记下了同一种场景:"年幼的想象力在汹涌的海涛中看到了一种战争的景象,看到了战斗,起先被怔住了。接着,当看到这种狂潮有止境,并在那里止步不前了,孩子放下心来,他对那种似对他不怀好意的狂野的东西不是害怕而是仇恨。他捡起石头投向这个吼叫的庞大敌人。1831年7月,我在勒·哈佛尔港看到这种决斗场面。我带着一个女童来到大海边,她感到自己勇气十足并对大海的挑战怒火十足。她用战争对付战争。这是一场不等量的较量,让人发笑,一边是娇嫩的女孩的纤细的手,另一边是那可怖的力量,它毫不在乎。"①

另外很显然,要理解一种情结,自身应当参与进去。在这方面,米什莱便是一个范例。大海"毫不在乎"人的勇气,对此,从哲学观点来讲,他不会感到痛苦吗?

在这样一种相互的挑战中,作家的话语越贫乏,海洋却越是啰嗦。但在退去的浪潮前,骄傲感总是同样在增强。在我们面前退去的一切,哪怕是无生命的死水,也会使我们勇敢起来。在J.桑多②的一部小说里,可以看到细节丰富的同一种潜在的

---

① 米什莱:《海》,第12页。
② J.Sandeau(1811—1883):法国作家。——译注

斯温伯恩情结:"当大海离开海岸时,玛丽娅娜总喜欢追逐那远去的浪涛,还喜欢看到浪涛朝着她返回。这时,她便逃跑了……她逃跑,可是一步步地走,双脚很不情愿地离去,她愿意浪花打着自己。"①"有时候,是海岸巡逻员的喊声强令她远离快要把她吞没的浪涛。"再往后,在战胜危险的过程中,作者写道,海浪像"一条长鬃狗"一跃跳到玛丽娅娜身上,海潮"踩在她的身上"。我们看到,大海具有动物的疯狂,具有人类的疯狂。

瞧,这位小说家要描绘一颗受伤的心灵的反抗,一个被生活背叛,遭到最不公正背叛的伤害的伟大情人的反抗,作者除了一个向大海发起挑战的孩子的游戏之外,还能有什么可以更好地表现一种如此深刻的反抗! 这是因为最初的想象的形象在指导着我们的整个生活。因为这些形象似自动地将自身置于人类悲剧的轴线上。风暴给我提供了激情的自然形象。正如诺瓦利斯以他直接表达的天赋所说的那样:"风暴相助了激情。"

因此,当我们对形象追根溯源时,当我们在形象的物质中,在形象的原初力量中来重新审视形象

---

① J.桑多:《玛丽娅娜》,第Ⅱ版,巴黎,1876年,第202页。

时,我们会在一些被不公正地指责为夸张文笔的章节中发现激情。犹如夸张文笔在其美妙的笔触中,已不是词语的风暴,不是表述的热情! 因此,当我们理解了斯温伯恩情结的现实主义意义时,就会在下面的段落中重新发现一种诚挚的口吻:"喔,痛苦的虚荣! 在大海面前,玛丽娅娜不会对着这大片的荒芜卑躬屈膝,它用那经久不息的哀叹充实着自己的岸边。她觉得听到一个心灵在对她内心的哭泣作答。在他们之间建立起了一种不可名状的神秘的沟通。当被掀起的浪涛愤怒地向上蹿时——如白鬃牝马一般——她脸色苍白,头发散乱地来到海滩上;到了那里,她犹如风暴的精灵,她的尖叫声同风暴的喧闹交融在一起。——好! 她迎着浪边走边说:好! 你像我一样受苦受难,因此,我热爱你! ——她怀着一种阴郁的快活,迎着海风刮到她脸上的冷冰的飞沫,她觉得自己在接受她那绝望的姐妹的吻。"①

还要指出这种残酷的忧郁,这种积极的忧郁,这种在饱受人的侵犯后欲受事物的侵犯的忧郁的

---

① J.桑多:同前,第197页。

细微差异吗?这正是那种十分不同于死水的忧郁的狂暴之水的忧郁。

最富柔情的心灵会被人突然发现正在英雄地作"补偿"。那位温柔的玛塞丽纳·德包尔德-瓦尔摩尔①——她的长女叫翁梯纳②——讲起她在15岁那年,独自从美洲回国。她让船上水手把自己牢牢地缚在桅的侧支索上。她无抱怨,不叫嚷也不嘟哝,为的是观看"海上风暴的激动人心的景象以及人对疯狂的自然力的斗争"③。我们不必来评判这久远回忆的实在情况,也不必自问这是否是在"童年回忆"中常见的一种英雄主义行为回返。我们要注意到那种想象的心理学的特殊性:对某种确实的事实的夸张毫不表明是针对想象的事实。想象出来的事实比实际的事实更重要。在德包尔德-瓦尔摩尔的回忆中,记忆在做夸张;我们可以肯定这位作家在想象。这位孤儿的悲剧记载在一种大形象中。她面对生活所表现出来的勇气在她面对咆哮的大海所表现出来的大勇气中找到了自己的象征。

此外,我们会发现有这样的情况:看到一种被

---

① M.Desbordes-Valmore(1786—1859):法国作家。——译注
② Ondine:斯堪的纳维亚神话中的水精。——译注
③ A.布任:《德包尔德-瓦尔摩尔夫人的青年时代》,第56页。

监视的、受控制的斯温伯恩情结在行动着。这些情况可为我有关富有活力的想象的观点带来可贵的肯定。人的真正的平静是什么？这是在自身所取得的平静，而不是自然的平静。这是在对付狂暴，对付愤怒中所取得的平静。这种平静会解除敌手的武装；它迫使敌手接受它的平静；它向世界宣告和平。人们渴望着在世界和人之间的确实相互的神奇的沟通。E.基内在他那首关于梅林-巫师的伟大诗歌中，以一种奇特的力量表达了这种想象的魔力：

你如何使这咆哮的海平息下来？
我克制住自己的愤怒。①

愤怒是富有朝气的想象的最早认识，还有什么更好的说法吗？人们发泄愤怒，接受愤怒；把愤怒转嫁给宇宙，又在内心中抑制它正如在宇宙中抑制它。愤怒是人对事物的最直接的了结。它并不会引起虚幻的形象，因为正是愤怒造成了最早的富有朝气的形象。

---

① E.基内：《梅林-巫师》，第 1 卷，第 412 页。

狂暴的水是普天下愤怒的最早图像之一。若无风暴便无史诗。J.鲁克①对此发表了自己的看法，他研究龙沙②在《法兰西亚德》③中所描写的风暴。人类的伟大需要同世界的伟大相称："崇高的思想产生于高贵的景象。"夏多布里昂④曾在《殉道者》中描绘了暴风雨后这么说道。

实际上，在一些章节中可以看到斯温伯恩情结给一种伟大哲学注入了活力，人意识到自己的超人的力量，扮演起海神尼普顿的角色。是不是一个偶然之机使歌德，这位地质学方面的水成论者——正如我们所知——成为最显眼的心理学的尼普顿？在《浮士德》第二部中，有这样的说法："我的目光转向大海。大海变得臃肿，在自身堆积起来，然后，它又退却去，摇晃着海浪，以便向海滩冲去，我很气愤地看到，高傲出于一种满腔激情的动作，是如何挑起尊重各种权利的自由思想的不满的。我把这事当成了意外事故，我定睛细看：海潮停住了，向后卷

---

① J.Rouch(1917—2004)：法国人种学家。——译注
② P.Ronsard(1524—1585)：法国诗人，《法兰西亚德》是他的未完成的史诗。——译注
③ J.鲁克：《在文学作品中的风暴》，1929 年，第 22 页。
④ Chateaubriand(1768—1848)：法国作家。——译注

去,远离它曾骄傲地触摸过的地方……海潮匍匐着在靠近,它已是无生机,在无际的岸边散布着这种无生机;接着又臃肿起,壮大了,它翻滚着,覆盖荒芜的、丑陋的辽阔海滩。在那里,一阵接一阵的汹涌浪涛在肆虐着;浪涛退去了……什么也没完成。疯狂的自然力的盲目性折磨着我,会让我绝望。此时我的精神敢于上升到自身之上。那里就是我欲去斗争的地方!那里就是我欲去赢得胜利的地方!而这完全有可能实现!……波澜不管有多狂野,它在山丘前折腰;虽然它傲慢地向前涌进,只要有一点隆起的高地就会自豪地迎击它,最不足道的深度就会成功地拖住它。因此,我一开始就在脑中构成了一个接一个的想法。你可确信这种稀有的享受!把专横的海从岸边推开,紧缩湿漉漉的滨海的范围,让它在远方在自己身上践踏……这是我的愿望。"①

用目光止住了喧闹的海洋,如浮士德的意志所要做到的那样,向敌视的波涛投石头,如米什莱的那个孩子所做的那样,这都是有朝气想象的同一种形象。这是力的意志的同一种梦。浮士德与孩童

---

① 歌德:同前,第421页。

之间的这种比较能使我们理解,在力的意志中有着一些纯真幼稚。力的意志的命运事实上是幻想着那种超出实际权力的力。若无这种梦想的意识边缘,力的意志将是无能力的。正是通过梦想,力的意志才是最有冒犯性的。从此,欲当超人的人自然就会有那个欲当大人的孩童同样的梦。对大海发号令是超人的梦想。这既是一种天才意志也是孩童般的意志。

V

在斯温伯恩情结中,受虐狂的因素众多。我们可以把这种狂暴水的心理学情结同名叫克塞尔塞斯①情结的具有明显迫害狂性质的情结结合在一起。

让我们向读者介绍一下希罗多德②讲过的轶事:"克塞尔塞斯下令在塞斯托斯和阿拜多斯两城之间建桥梁,桥建成后,突起可怕的暴风雨,把缆绳

---

① Xerxès(公元前五世纪):波斯国王,曾入侵希腊。——译注
② Hérodote(约公元前 484—约前 425):希腊史学家。——译注

折断,船只砸烂。听到这消息后,克塞尔塞斯愤怒异常,下令鞭打埃莱斯蓬海峡①三百下,并在那里投下一副镣铐。我听说,他还派人与执行命令者同去,给海水打上火热的铁烙印。可以肯定,他下命令打三百鞭时,还要人发表一番野蛮的、不近情理的讲话:'苦涩的波涛,你的主子惩罚你,因为你冒犯了他,而你并无任何理由。克塞尔塞斯王不管你愿意或不愿意都要从你那里经过。没有人会向你献祭,这完全事出有因,因为你是一条背信弃义的咸水河。'国王就这样惩罚了大海,还砍了主持造桥人员的脑袋。"②

如果说,这是一折孤立的故事,一种离奇的疯话,那么,对想象的研究,便价值不大。可是,情况并非如此,最离奇的疯话从来不是例外。有关米堤亚③国王的传说层出不穷,不断翻新。巫师的咒语

---

① 达达尼尔海峡旧名,克塞尔塞斯王在那里用船连成桥,为入侵希腊做准备。——译注

② 西吕斯(Cyrus:波斯王,约公元前七世纪——译注)已报复了曼德河,这条河卷走了他的骏马中的一匹。"西吕斯受到河水的侮辱深感恼怒,他威胁道,要把这条河变得软弱无能,从此之后,女人也能涉水而过,而水没不了膝盖,他又让士兵挖了三百条运河来改变河道。"

③ Mèdes:伊朗西北部古国名。——译注

失灵后,便敲打河塘水来发泄自己的怨气!① 圣梯夫提到了居住在依纳希(Inachus)河畔的土耳其人的做法。直到 1826 年前后,这种做法仍在流行:"土耳其人向伊斯兰教法官提交合乎法律程序的签名的诉状,说依纳希河泛滥成灾,淹没农田,居民恳请法官下令,要求河水回河道去。法官发表判决书作出裁定,众人恪守宣告的判决。可是如果河水仍上涨,法官在居民的陪同下,来到当地命令河水退去。居民向河水投去法官判决的抄本;百姓把河流视为侵占者,掠夺者,向它扔石头……"在 A.米利昂(A.Millien)的《希腊和塞尔维亚的民歌》一书中,提到了同样的事情(1891 年,第 68 页)。那些失踪海员的妻子聚集在海边。每人

> 轮流鞭打着水面。
> 喔,海啊,可恶的海,浪花翻滚,
> 我们的丈夫在何处? 我们的亲人在何处?

所有这些狂暴都服从一种怨恨的、象征性和间接复仇的心理学。在水的心理学中,我们会看到运

---

① 参见塞比欧,见前,第Ⅱ卷,第 465 页。

用另一种愤怒激发的形式。当我们细察水的狂暴时,就会看到,愤怒心理学的各种细节重又会合在宇宙层次上。在"风暴人"的行为中,可看到受挑逗者的显而易见的心理学。

为取得意愿中的暴风雨,风暴人——制造风暴的匠人,激怒着水,就如孩子挑逗狗一样。只需一座喷泉就够了。他来到水池边,随身带着榛树杖,那根雅各杖。他用杖尖搔撩水池光亮透明的水面,他又迅速地把杖抽回,又突然间把杖再插入;他刺激水。

> 水平静,安详;在安息中,水确实就
> 像皮肤一样
> 任何东西都不可伤害。①

水最终被惹恼了。水冲动起来。此时,风暴人把他的杖直插泥潭中;抽打泉源深处。这回,水火起来了,它的怒气变成普遍的;暴风雨轰鸣,雷电交加,雹子噼啪,河水淹没了大地。风暴人完成了自己的宇宙使命。为此,他投射了挑逗的心理学,他

---

① P.艾吕雅:《动物与主人。人与他们的动物》。

确信在水里可发现普遍心理学的种种特征。

在圣梯夫的《水的民俗故事》一书中,有许多风暴人的事例。① 让我们归纳出几例来。在 N. 勒米(N.Remi)(1595 年)的《鬼神崇拜》一书中:"二百来人自发地、无拘束地称道:有两人被当作巫师而判处火刑,他们有时在池塘或河边相聚,在那里用一根从魔鬼那里得到的黑棍使劲地敲打水,直至水中冒出大量雾气,雾气又把他们两人送上空中;把戏做完后,他们坠落到地上,掉进冰雹激流中……"

有些湖泊特别容易被激怒;稍受到一点挑逗,它们就会做出反应。福瓦、贝亚恩和纳瓦拉地区一位年老的史学家称,在比利牛斯山脉中,有"两个滋养着火焰,火和雷的湖泊……要是有人往水里扔下什么东西,马上就会看到空中有一股东西在翻腾,大多数看热闹的人被火灼伤并遭池塘里发出的常见的霹雷所击中"。另有一位编年史学家"指出在离巴德四法里处,有一个小湖泊,不管往里面扔土块、石头或随便什么东西,都会看到天空马上下雨或是出现风暴"。P. 梅拉②也提到,有一处喷泉特别

---

① 圣梯夫:同前,第 205—211 页。

② P.Mela(公元一世纪):原籍西班牙,拉丁文作家。——译注

"敏感"。"人的手刚触到(池边的石块),喷泉马上就会过度地膨大起来,掀起风沙的漩涡,很像海上风暴掀起的波涛一样。"①

正如我们看到的那样,有些水的器量很小。我们可以发现许多细小的区别,对水的冒犯在逐渐减弱,而狂暴水的反应却依旧不变,这种冒犯可从鞭打发展为小小的威胁。手指甲轻轻一弹,最轻微的污染都会激起水的怒气。

我的文学心理学家的任务若局限于引述一些传说和古代的故事,那么就未能尽职。事实上,可以指出在某些作家的遐想中,克塞尔塞斯情结是很活跃的因素。我们来讲述几例。

首先,有一例鲜为人知,对水的冒犯只是稍有一点藐视。在 E.基内的《亚哈随鲁》中就可看到。国王高傲自负,深信自己权力意志的强大,向大浪滔天、发大水的海洋挑衅道:"大洋,辽阔的海洋,你可曾事先数过我的城楼的台阶数目……当心一点,怒气冲天的可怜孩子,你的脚别在我的石板地上滑倒,你的口水别弄湿我的楼梯扶手。还不曾上到一半台阶,你就羞愧难当,气喘吁吁,用飞沫来遮羞,

---

① 圣梯夫引述,同前,第 109 页。

回家去的路上你会想:我疲乏不堪了。"(第76页)在欧希安①的诗中,常常是用剑来同风暴战斗。在第三首颂歌中,加尔马的剑已出鞘,他向前迎击大海风浪:"此时乌云压得低低的,从他身边掠过,他抓住黑云团,把剑直插黑雾中。风暴精灵落荒而逃……"向事物开战就像与人打仗一样。战斗的精神是一致的。

有时,隐喻的意义发生颠倒:抗击大海为抗击人提供了形象。雨果这样描绘梅斯·莱梯利:"大风浪的天气从不曾让他退却;这是由于他很不易受敌对势力的影响。海洋同他作对更让他不能接受。他要求服从他;大海敢于反抗,那活该倒霉;大海必须逆来顺受。梅斯·莱梯利不会做任何退让的。直扑过来的海浪,如同一个吵吵嚷嚷的邻居一样,不能阻止他。"②人是一个整体。人对任何对手都有同样的意志力。任何反抗都会激起相同的愿望。在意志的领域里,物与人之间并无什么区分。大海由于有一个人反抗它而恼怒地退去,这形象并不会引起读者的批评。可是细想一下,这形象却是克塞

---

① Ossian:苏格兰传说中三世纪歌颂英雄事迹的一位诗人。——译注

② V.雨果:《海上劳工》,第Ⅰ部分。

尔塞斯狂妄行为的一种很普通的隐喻。

　　一位大诗人又重新发现了原始的思想,在他笔下,传说的天真幼稚在传说的美面前消失了。克塞尔塞斯曾给反叛的埃莱斯蓬打上火红的烙印。克洛代尔又发现了这形象,似乎,他并不曾想到希罗多德的文章。在《正午的分界》①的第一幕开始时,有这样辉煌的景象,我凭记忆引述如下:"大海,亮光闪耀的脊椎形,就像一头垮倒在地上要打铁烙印的奶牛。"这个形象难道没有那傍晚天色直刺惊讶的大海到淌血的动人的美吗? 这形象是在自然面前,通过诗人的天性——远离书本和课堂教育——所造就成的。这样一些篇章对我的观点来说甚为珍贵。它表明,诗歌是在人为外表下的各种形象的自然而持久的综合。征服者与诗人两者想给宇宙打上他们强有力的标记:两者都手握着标记,他们要在被统治的宇宙身上打上烙印。在历史上,在过去,我们觉得荒诞的东西,在现在,在永远的现实中,是自由想象的深刻真实。隐喻,在形态上是不可接受的,在心理上是失去理智的,却是一种诗歌

---

　　① *Partage de midi* 为克洛代尔发表于 1906 年的三幕剧。——译注

的真实。因为隐喻是诗学心灵的现象。这仍是一种自然的现象,人的本性在普遍的自然界的投射。

Ⅵ

当我们把所有这些传说,所有这些狂言乱语,各种诗歌形式都归在泛灵论的名下时,并没有把事情全讲清楚。事实上,应当意识到这里说的是那种真正能给予生气的泛灵论,那种细致的、精彩的,在无生命的世界中能可靠地重新发现敏感的自觉的生命的各种细微差别的泛灵论。那种把自然当作人的多变的面貌来阅读的泛灵论。

如果想把想象的心理学当作一种自然官能来理解,而不再当作一种经过训练的官能的话,那就应当把某种角色归还给这种啰嗦的泛灵论,这种给一切带来活力的、投射一切的,把愿望和幻影,把内心深处的冲动和自然力交织在一起的泛灵论。此时,就应当把形象重新置于想法之前。就应当把自然的形象,自然直接给予的形象,在自然之力和我们本性的力量之后出现的形象,附着于物质和自然力运动的形象,我们在自身、在我们的器官中感到积极的形象放在首要位置。

我们可以观察任何人的行为:我们会发现这行为发生在人中间和发生在田野中并不是同一种滋味。例如,小孩在沙坑里做活动,跳远,他只感到一种人的好胜心,如果他在这活动中获得第一名,他是在人中间的第一。要是跳过一个自然障碍物,从小溪上一跃而过时,那是何等的自豪,何种超人的自豪!尽管他只有他自己,可是他是第一。是在自然领域中的第一。孩子玩耍无休止,在树荫下从一块草场到另一块,他是主宰,毫不畏惧喧哗的流水。有多少形象从它们自然的渊源中出现!有多少遐想从中滋生出强大力量的滋味,胜利的滋味,蔑视被战胜的东西的滋味。从草地的河沟上跳过去的孩子会幻想冒险经历,他会幻想力量,冲劲,他会幻想大胆。他真的穿上了七里靴①。

跳过自然障碍物,如从小溪上跳过去,就是那种极其相似于我们在梦中会做的跳跃。正如我所提倡的那样,如果我们努力地在实际体验之前,重新找回我们在睡梦中所做的想象的体验,我们曾经有时机来验证我们夜间的体验。C.诺梯耶在他的

---

① 童话故事中的靴子,穿上后一步跨七里。——译注

《遐想录》中写道:"我们时代的一位最聪明、最深刻的哲学家对我说……在他青年时代,曾连续好几夜梦见自己有在空中站住并移动的美妙本领,他若在过水沟时不作一番试验就无法从这种感觉中清醒过来。"(第165页)看到水沟就会勾起我们遥远的梦幻;它使我们的遐想有了活力。

反之,被注入活力的文学形象使读者富有朝气;这些形象在协和的心灵中决定着阅读的体格卫生,想象力的训练,神经系统的锻炼。神经系统需要这样的诗歌。不幸得很,在我们混乱的诗学中,我们不容易找到我们自己的体系。修辞学——它的美的百科已黯然失色,它的明白的理性化幼稚天真——并不能使我们真正地忠实于我们的本原。它在自己的全盛中阻碍我们追随我们想象本性的现实的幽灵,这幽灵如果主导我们的生活,就会把我们存在的真谛,我们朝气的活力归还给我们。

结　论
水的话语

> 我把河流的波浪当作提琴。
>
> ——P.艾吕雅:《敞开的书》

> 与其说平静如镜,不如说微微颤动……
> 既是间歇又是抚慰,液体的琴弓划过泡沫的合奏。
>
> ——保尔·克洛代尔:《旭日中的黑鸟》,第 230 页

I

在结论部分,我想把河流给予我们的抒情教益汇聚起来。说到底,这些教益具有很大的一致性。它们确实是这种基本本原的教益。

为很好地体现水的诗歌声响的一致性,我想立即发挥一种极端的悖论:水是流畅语言,无障语言,连续的、延伸的语言,使节奏柔顺并赋予不同节奏以统一物质的语言的主宰。对表达了流畅的有活力的诗歌,从渊源流淌出来的诗歌品质的那种说法我将赋予其完整的含义。

正如我所做的那样,P.德·勒尔毫不夸张,他准确地观察了斯温伯恩对流音①的关注:"运用流音以防其他辅音的堆积和碰撞的那种倾向,使他增加其他的过度音。冠词的使用,使用派生词而不是简单词,往往并无其他动机:六月天里——生命置身于生命里。"②凡是P.德·勒尔见到办法的地方,我们见到了目的:在我看来,液体性就是语言的愿望本身。语言欲流淌。语言自然地流淌。语言的惊跳、不流畅、生硬之处都是一些更为矫作,更难以采纳的习作。

本论著并不限于形声诗歌的教益。在我看来形声诗歌注定是肤浅的。形声诗歌有生动的声音,但诗歌只吸收了这声响的生硬、笨拙之处。它发出

---

① 指辅音 l、m、n、r。——译注
② P.德·勒尔:《斯温伯恩的作品》,第32页,注释。

机械的声响,而不是从人的角度上说的生动之声响。如斯皮尔曼(Spearman)所说,在诗中几乎听到了马的飞奔声音:

> 我跃上马镫,卓瑞斯和他起身跟上,
> 我策马疾驰,德里克策马疾驰,我们三人飞奔疾驰。①

要确切地再创造一种声音,必须更为深刻地去创造它,必须体验到创造它的意志;在此,诗人应促使我们挪动双腿,旋转着奔跑以真正体验奔驰的不匀称的动作;可是缺少的是这种有生气的准备。正是这种有生气的准备产生积极的听觉,那种使人开口说话,使人运动,使人看到的听觉。实际上,斯皮尔曼的理论在总体上过分观念化。他的论据以意图为基础,同时赋予视觉以很大的特权。这样,我们只可能取得一种再现的想象程式。然而再现的想象掩饰并阻碍着创造性的想象。说到底,研究想象的真正领域,并不是绘画,而是文学作品,是词语,是句子。可见形式微不足道!物质在主导一

---

① 斯皮尔曼:《创造性思维》,第88页。

切！溪流是何等伟大的大师！

巴尔扎克说:"在一切人的话语中都埋藏着奥秘。"①可是,真正的奥秘不一定在渊源中,在根基里,在古老的形式上……有一些词语鲜花盛开,充满生命力,有一些词语过去的时代未将其完善,古人并未得知它的美,有一些词语是一种语言的神秘的珍宝。河流这词就是这样。这是一种无法同其他语言沟通的现象。让我们从语言上想一想英语中 river(河流)这词声响的粗暴。我们就会明白,rivière(法语:河流)是所有词语中最具法国味的词。这个词是由固定不动的,却又不停流动的 rive(河岸)的视觉形象构成的。

当诗歌的表达显示出它的纯洁和主导性时,我们可以肯定它同语言的原初的物质泉源有着直接关系。诗人们把口琴同水的诗歌结合在一起,我一直对此感到惊讶。让·保尔的《泰坦》中那个温柔的女盲人吹着口琴。狄克的《高脚酒杯》中主人公把酒杯边当口琴来吹。我曾自问发响的水杯怎么有幸被称为口琴？后来,我在巴肖芬的作品中看到,元音 a 是水的元音。它主导着 agua,apa,wasser

---

① 巴尔扎克:《路易·朗贝尔》,勒鲁瓦出版社,第 5 页。

这些词①。这是由水创造的音素。"a"表示原材料。这是普遍诗歌的开头字母。这是西藏神秘主义中心灵安息的字母。

有人会指责我把一些词语的相近当成扎实的理由;有人会说流音只是使人联想起语音学家的好奇的隐喻。可是,这种指责在我看来是拒绝在自身深刻的生活中感受词语和现实的沟通。这样的意见是决意把整个创造性想象领域排除开来;通过话语的想象,通过说话的想象,那种肌肉上享受说话之乐的想象,那种滔滔不绝说话并增加人的心理容量的想象。这种想象很清楚河流是一种无标点的话语,是在讲述中不接受"作标点者"的艾吕雅式的句子。喔,河流之歌,美妙动人的自然之子的多言者!

又如何不去体验流动的说话,欢快的说话,溪流的方言呢!

如果不易理解这种会说话的想象,那是因为赋予拟声功能的含义太狭窄。人们总愿意拟声是一种回声,希望完全靠听力来识辨。实际上,耳朵比

---

① 均表示水。——译注

我们设想的远为开明,耳朵很愿接受某些模仿中的移植,很快它就模仿最初的那种模仿。人把主动说话的快活,把表达自己模仿才能的整个面部的快活,同自己听到什么的那种快活结合在一起。声响只是摹拟的一部分。

诺梯耶十分理解拟声学的投射特性。他从德·布洛斯①的含义上大加发挥,说:"许多拟声,如果不说是根据拟声所表示的运动所产生的响声,那么至少是根据这种运动似乎会产生的响声而确定的那种响声,并从这声音与同一类的运动及其一般效果的相似性中来研究这种响声的过程中得以形成的;譬如,clignoter(闪烁,眨巴之意)这动作,——这些推测根据这动作而形成——并不会产生实际响声,可是同一类的各种动作,通过与之相伴的响声,使人很容易就联想到那种作为该词词根的声音。"②在此,有一种必须产生、必须投射才能听到的代表拟声;一种抽象拟声,它让颤动的眼皮发声。

风雨过后,从树叶丛中落下的雨水嘀嗒就这样在闪烁,它使光线和平静如镜的水面发颤。看到这

---

① De Brosses(1709—1777):法国作家。——译注
② C.诺梯耶:《法语拟声词词典》,1828 年,第 90 页。

水滴,就会听到颤抖声。

在我看来,在诗歌创作中,有三种条件反射,很古怪的反射,因为这种反射有三个根源:它聚合了视觉印象、听觉印象和声响印象。表达的快活是如此喜形于色,以至最终是声响的表达以其占主导的"笔触"影响着景物。声音投射出了视觉。嘴唇和牙齿便产生出不同的景观。有些景物是用拳头和牙床来设想的……有一些有唇形花的风暴如此甜美,如此优雅,如此容易脱口而出……尤其是,如果我们能够汇合各种有流动因素的词,那么就会自然地拥有一幅水生景色。反之亦然,由水心理现象,由水的词语表达的诗歌景色很自然地会找到流音。语音,天生的语音,自然的语音——也就是嗓音——使事物各在其位。声响化主导着真正诗人的画卷。我将举出这种决定诗人想象的声响归属的实例。

因此,在我看来,当我听着小溪潺潺声时,那么我觉得,在许多诗作中,小溪流水使野百合和菖兰盛开,那是自然而然的了。当我们更进一步研究此例时,就会理解词语想象胜过视觉想象,或是更简单明了地说,创造性想象胜过现实主义。同时就会明白词源诗歌的无生气。

菖兰——从视觉上,从被动的意义上讲——有双刃剑之称。它是一把不舞动的也不锋利的双刃剑,这把剑的尖端如此精巧,线条如此优美,可又这么脆弱,它并不会刺伤人。它的外形并不属于水的诗歌。它的色彩也不会。这种鲜艳的颜色是热色,是地狱之火;在一些地方,菖兰被叫作"地狱之火"。确实,沿着流水很少能见到菖兰。可是,当我们诵唱时,现实主义总是不在理。目光不再在指挥,词源不再在思考。耳朵也想以花卉来命名;耳朵希望它所听到的东西开花,直接地开花,在语言里开花。轻柔地流淌也想展现形象。听!菖兰便是河水的特别的叹息声,那种在我们身心中同步的叹息,带着一丝忧伤,一丝淡淡的、展示的、流淌的、不可名状的忧伤。菖兰是忧郁的水的轻叹。这远不是让人回忆起的绚丽色彩,那是一种人们忘却了的轻声哭泣。"liquide"[①]的音节消除并带走了一些曾停留在旧时回忆中的形象。这些音节使忧愁有所流动。[②]

不用流水声的诗歌来表达,又如何解释那吞没

---

① 液体的意思。——译注
② 马拉美把菖兰同天鹅结合在一起:"野菖兰,还有细颈的天鹅。"(《花卉》)我认为,这是一种源于水的"结合"。

的钟声,仍在敲着的被淹没的钟声,给清脆嗓音带来凝重感的金竖琴!在一则舒雷①讲的浪漫故事中,有一个被水妖迷惑的姑娘,她的情人演奏了金竖琴②。水妖被和谐的乐声征服了,把姑娘还给了这位情人。魅力被魅力征服,音乐被音乐征服。着迷的对话就这样展开。

同样,水的欢笑不会有任何干涩,要表达这种笑声,有点像乱敲的钟声,就应有响起来带着某种青春活力的"青绿色"声音。青蛙,从语音上讲——在真正的语音中,即那种想象出来的语音——已是一种水中动物。另外,它是绿色的。老百姓并没错,把水叫作青蛙的糖汁:公青蛙喝它③!

在风暴的a声之后,在劲风的哗啦声之后,听到

---

① E. Schuré(1841—1929):法国作家,早年从事音乐史写作。——译注

② 舒雷:《浪漫曲的历史》,第103页。

③ 为表达那种对吠陀梵文《青蛙》赞歌的"有意的混乱",L. 勒奴欲造一个"青蛙"(法文中为阴性——译注)的阳性词。在香槟地区的一个村子里,格里布衣(Grebouille,即勒奴造成的与青蛙相应的阳性词,该词在法文中为"傻瓜"之意——译注)老爹是格里布衣大妈的伙伴。——下面是勒奴译的两段诗:

——"雨季来临,雨点落在青蛙身上,青蛙得意,渴望雨水,呱呱地叫个不停!就像儿子去找爹,青蛙去同伴聊天。

——要是有一只青蛙学舌另一只,就像小学生重复老师的话,叫声连成一片和谐,就像您在水上用您的亮嗓唱起的歌。"

水流的音声,大雨声和各种圆润之声,也是一种幸福。快乐至极,话语便可颠三倒四:溪流嬉笑着,细水流淌着。①

如果我们聆听大雨声,阵风声,如果我们把哗啦声和檐槽口上夸张的动物像饰物一起来研究的话,就会不断地去寻找水的想象语音的对偶词。要把暴风雨当作侮辱那样来吐弃,要把水的咕噜咕噜的辱骂声排弃,就必须给檐槽装上妖魔可怕的外形,张着大嘴,厚嘴唇往上翻,开着口,La gargouille(檐槽口上的动物像饰物)在成为一种形象之前,就曾是一种声响,或是说,它至少是一种很快就找到了自己的石制形象的声响。

泉源,在痛苦中在快活中,在喧闹中在平静中,在嬉闹中在抱怨中,它就是——如 P. 福尔特所说——"成为水的那词语"②。听着各种水声,它是如此动人,如此简洁,如此凉爽,就好像水会"来到嘴边"。难道应当让湿润语言的种种幸福全部变得

---

① Le ruisseau rigole et la rigole ruisselle。作者的文字游戏。Le ruisseau(名词)"溪流"与 ruisseler(动词)"流淌",是同根词;rigoler(动词)有"嬉笑"与"开沟"两种解释,而同根词 la rigole(名词)有"细水"之意。——译注

② 《埃尔米达热》,1897 年 7 月。

无声？如何理解联想到潮湿内部深处的一些说法？譬如，吠陀①的赞歌中有一首，用两行字把海和语言做了比较："因陀罗②的胸脯，总充满着苏摩③，因为他有嗜好；就如大海总是海水滔滔，正如舌头④不停止要有口水来湿润。"⑤液态是语言的一项原则；语言应充满水。如 T.查拉⑥所说，从我们学会说话时起，"百川就充满我们干涸的嘴"⑦。

若无宽松和缓慢，便无伟大的诗歌，若无安静便无伟大的诗歌。水也是平静和安静的样板。沉睡和安静的水，如克洛代尔所说，把"歌之湖泊"安置在景观当中。在水边，诗歌变得越加沉着。水如一种巨大的物质化的安静而存在。梅利亚斯在梅丽桑德喷泉旁，低声自语："总是出奇的安静……可听到水在睡觉。"（第Ⅰ幕）⑧要很好地理解安静，我们的心灵似需要见到某种沉默的东西；我们的心灵

---

① Veda 的音译，印度教最古老的经典。——译注
② Indra：印度教神名。——译注
③ 苏摩是古印度祭祀中供奉给神的兴奋饮料。——译注
④ 法语中 langue 有"语言""舌头"双重含义。——译注
⑤ 《吠陀》，朗格洛瓦译，第Ⅰ卷，第 14 页。
⑥ T.Tzara(1896—1963)：法国作家，原籍罗马尼亚。——译注
⑦ T.查拉：《狼在何处饮水？》，第 151 页。
⑧ 德彪西的音乐剧，共 5 幕。梅特林克作诗。

需要感到在自己身边有一种沉睡的巨大的自然存在,才能安心地静息。梅特林克在诗歌与安静的边际,以最低的噪音,以沉睡水的音色进行诗歌创作。

II

水也有非直接之声。自然界响彻着本体的回声。有生命之物相互呼应着,模仿着本原的声音。在各种本原中,水是"声音"最忠实的"镜子"①。譬如,乌鸦的叫声如纯洁的瀑布水声。在那部名为《沃尔夫·索伦特》的伟大作品中,波伊斯②似乎被这种隐喻所萦绕着:"乌鸦奇特的叫声,比世界任何声音更浸透了空气和水的精深,对沃尔夫有着神奇的吸引力。这叫声,在音的范围内,似乎包含着树荫下四周长满蕨草的池塘在物质的领域里所包含的东西。它似在自身之中含着可能感受到的全部忧伤,而又不能跨出忧伤变成绝望的那个区域的看不见的界限。"(译本,第137页)我常常重读这些段

---

① 参见 T.查拉,同前,第161页。
② J.C.Powys(1872—1963):美国作家。——译注

落,它让我明白,乌鸫的叫声是落地的水晶,是正在消逝的瀑布。乌鸫不为天空唱。它为身旁的水流唱。再往后一点(第143页),波伊斯还在乌鸫的叫声——这叫声凸显出自己同水的亲缘——中,听到了"液态的、凉爽的、颤动的,似要止息的悦耳的瀑布音符"。

如果在自然界的声音中没有拟声的类似的重叠,如果落水不会再给人以乌鸫的叫声,那么我们也许不会从诗歌中听到自然之声了。艺术需要根据映像做自我教育,音乐需要根据回声做自我教育。人们正是在模仿中进行创造的。人们自以为追随现实,然后在人的层面上将现实表现出来。乌鸫在模仿河水声时也投射了更多一点纯洁。索伦特狼正是模仿的牺牲品,而在河流上方,树丛中听到的乌鸫叫声是美丽的盖尔达的清脆声音,这些事实只是赋予对自然之声的模拟以更多的含义。

在天地中,一切都是回声。如果说鸟类是——按某些富有想象的语言学家的意思——最早给人类以启迪的发音者的话,那么鸟类自己也在模仿自然之声。基内曾长期聆听过勃艮第和布雷斯①地区

---

① Bourgogne,法国东部地区;Bresse,法国中东部地区。——译注

的各种声音,他在"水鸟鸣叫的声音中,又听到了岸边的汩汩作响声,在水和鸡叫声中又听到了青蛙的咯咯叫声,在灰雀叫声中又听到了芦苇的啸啸声,在军舰鸟的叫声中又听到了风暴的尖叫声"。夜鸟又在何处模仿了颤抖的、令人打颤的声音。这叫声像是那种废墟中的地下回声在回荡似的。"自然界静物和有生命事物的各种声音在有生气的自然界中都有自己的回声和谐音。"①

A.萨拉克鲁②也发现了乌鸫和溪流的和谐的亲缘关系。他发现海鸟不叫时,就自问我们绿树林中悦耳的鸟叫又是由于何种偶然:"我知道有一只在沼泽地旁长大的乌鸫,这沼泽把鸟的悦耳的叫声与嘶哑的断断续续的声音交织在一起。乌鸫在为青蛙歌唱?还是它是某种挥之不去的念头的受害者?"水也是一种辽阔的统一体。它把蛤蟆的叫声同乌鸫的叫声和谐起来。至少,当一双诗化的耳朵把水流的欢悦声当作一种根本的声音时,会把不和谐的声音统一起来。

溪流、河流、瀑布具有一种人类自然会理解的

---

① 卢克莱修(Lucrèce):《物性论》,书之Ⅴ,诗1378。
② A.Salacrou(1899—1989):法国剧作家。——译注
  A.萨拉克鲁:《伊丽莎白一世时代的戏剧》中的《千脑袋》,第121页。

话语,如华兹华斯所说,"那种人类的音乐":

> 人类的温柔的、忧伤的音乐
>
> (《抒情歌谣》)

满怀深情聆听的声音又如何不是预言的声音呢?要把那神论般的价值归还给事物,应该从近处或从远处去听它们?必须是把我们迷住了还是去观赏它们?两大想象运动贴近物而产生:自然界的各种物体产生出巨人或侏儒,水声充满了无际的天空或是空壳。这是两种有生命力的想象应当经历的运动。这种想象只听到渐接近的声音或渐远去的声音。听着事物说话的人很清楚这些东西将要高声说话或是很温柔地诉说。应当急切地去聆听它们。瀑布发出哗啦声,而小溪则在低声耳语。想象是位音响师,它要放大或减弱声响。一旦想象成为富有朝气的沟通的主宰,形象就会张嘴说话。如果我们沉思一下"这些微妙的诗句,一位少女俯身在小溪旁,感到从潺潺流水声中产生的美在她脸庞掠过"(华兹华斯:《她成长了三岁》)。

形象与话语的这种沟通确实有益于身心健康。

对痛苦的心理,惶惶不安的心理,被挖空的心理的慰藉将从溪流河水的凉爽中得到相助。但是,这凉爽应当被诉说出来。不幸者应当对流水吐心声。

喔,我的朋友,在晴朗的早晨,来歌唱溪流的元音吧!我们的苦楚源于何处?因为我们迟疑着不肯说出来……苦楚产生于我们在自己身心里堆积了一些沉默不语的东西之时。溪流会教您开口说话,尽管曾经历过苦难和各种往事,溪水会用矫饰的语言教您学会心情愉快,用诗歌学会刚强有力。它会在每个瞬间教您某个在石头上滚翻而过的圆润的动人词语。

于第戎

1941 年 8 月 23 日